어쩐지
근사한
나를 발견하는
51가지 방법

한 번만 따라하면
인생이 즐거워지는 혼자 놀이법

어쩐지 근사한 나를 발견하는 51가지 방법

글 · 그림 공혜진

동양books

어쩐지 근사한 _____ 에게

차례

목요일

조금만 기다려 그래도 내일이 금요일이야

일요일

#0 프롤로그

밥때가 되면 창가를 어슬렁거리곤 한다.

창을 통해 흘러든 음식 냄새를 맡기 위해서이다.

언젠가 하루 종일 말 한 마디 없이 혼자 방에 앉아 있던 날, 창밖에서 누군가 끓이는 라면 냄새가 흘러 들어왔다. 모든 의욕이 사라져 바닥에 눌어붙어 있을 때였는데, 바람결에 흘러든 라면 냄새에 몸이 홀린 듯 반응했다. 먼저 냄새가 들어오는 창 쪽으로 얼굴이 돌아가더니, 몇 분 뒤엔 부엌에서 라면을 찾고 있을 만큼 몸이 움직였다.

그 어떤 외부 자극보다 빠르고 강력하게 작용해서, 무기력했던 내 몸을 움직여 슈퍼까지 가게 만든 것은 누군가가 끓이는 라면 냄새였다. 그 후로 뭘 먹을지 결정하기 어려운 날에는 창가에 서서 음식 냄새를 기다린다. 생선구이, 카레, 잡채, 김치찌개……. 그날의 음식 냄새에 따라 자연스럽게 메뉴가 결정된다.

약간은 찌질하고 적잖이 수다스런 이 책이 당신의 창으로 흘러드는 음식 냄새 같다면 좋겠다. 기왕이면 자리에서 일어나 물을 올리게 하는 거부할 수 없는 라면 냄새 같다면 더 좋겠다.

큰 영향을 주거나 깊은 울림을 주지는 못할지라도, 창 너머 어딘가에 당신처럼 외롭고 괴로운 사람, 약간은 엉뚱한 어떤 사람이 당신과 같은 시간에 밥을 먹고 있겠구나…… 하는 신호가 되면 좋겠다.

책장을 넘기면서 내가 보내는 신호들에 웃음 지을 친구들과 긴 시간 동안 포기하지 않고 마감을 기다려준 편집자에게 마음을 전한다. 그리고 지난한 시간 함께 여러 지령을 수행한 엄마에게도…….

2014년 12월
공

금요일

#1 종이 모빌 달기

창밖 바람 소리에도 빙그르르 움직이는 종이 모빌을 보고 있으면 그에 따라 내 마음도 같이 반응한다. 언젠가 깊은 산 어느 사찰의 기와 끝에 매달려 있는 풍경을 본 적이 있다. 잠깐이었지만 그 장면이 또렷하게 기억나는 것은 풍경 그 자체가 갖고 있는 독특한 분위기가 있기 때문일 것이다. 풍경 주변의 공간에는 마치 시간이 흐르지 않는 것만 같다.

물론 깊은 산에서 보았던 풍경이 주는 느낌과는 다르지만, 모빌을 보면 저절로 처마 밑에 달려 있는 풍경이 떠오른다. 문득 잔바람에도 흔들릴 수 있도록 종이로 모빌을 하나 만들어 방에 달아보고 싶어졌다. 방 어느 구석엔가 현실 세계의 시간에서 벗어날 수 있는 다른 시간의 세계로 이어지는 출구를 만든다고 생각해보면 어떨까? 아주 약한 잔바람에도 반응하는 모빌을 보고 있으면 내가 지금의 공간에서 벗어나 사차원의 세계로 빠져드는 것만 같다. 만약 내가 타임머신을 만들었다면 모빌을 이용해 비밀 통로를 만들었을 것이다. 계속 모빌을 바라보면 몸이 점점 흔들거리면서 나른해지다가 모빌 속 사차원의 시간 속으로 빨려들어가게 설정하는 것이다.

이런 소품의 특징은 아마도 그 크기나 들인 노력에 비해 만족도가 높다는 것이다. 시간이 지날수록 만족도는 점점 높아진다. 방의 한 구석에 콩 한 알을 실에 연결해 매달아놓았다고 생각해보자. 의식을 해서인지는 몰라도 아무것도 없는 공간과 콩 한 알이 있는 공간은 다른 공간이 된다. 평소라면 방구석에 눈길 돌릴 일도 없었을 텐데, 콩 한 알이 흔들거리면 그 공간을 주의 깊게 바라보게 된다. 그러니 작은 바람 소리에도 흔들리는 모빌을 달아놓으면 그곳은 그저 평범한 방구석이 아닌 특별한 공간, 나를 전혀 새로운 세계로 안내해줄 비밀 통로가 되어주는 것이다.

나를 전혀 새로운 세계로 안내해줄 비밀 통로가 되어주는 것이다.

문득 잔바람에도
흔들릴 수 있도록
종이로 모빌을 하나 만들어
방에 달아보고 싶어졌다.

1. 걸어두고 싶은 것을 생각한 후 조금 두꺼운 종이에
   그림을 그린다(될 수 있으면 모빌의 아래쪽에 무게가 나가
   도록 종이를 겹쳐서 만들면 훨씬 안정적으로 모빌이 움직인
   다). 하나의 모빌에서 출발한 이후 여러 가지를 첨가
   해서 그려 달아도 좋다.

2. 낚싯줄 혹은 좋아하는 색깔의 털실이나 실을 준비하
   고 종이를 잘라 걸어 천장에 붙인다.

#2 나만의 요리책 만들기

TV 음식 프로그램에 등장한 요리 명가 몇 대손의
집. 문중에 내려오는 가보라며 가문의 종부께서
조심스레 꺼내어 보여준 (요리 비법이 담긴) 문서가
요리보다 눈에 띄었다. 문서의 첫 장에는 특이하게도
요즘 책들의 머리말처럼 문서를 작성해놓은 몇 대손
어른의 당부 말씀이 쓰여 있었다. /

'힘들게 작성한 것이니, 책을 가져가진 말고 베껴 가시기를……' /

그걸 보자 왠지 책을 쓴 어르신의 진정성이 나에게도 전달되어서 그
런지 자세를 바르게 고쳐 앉고 집중해서 화면을 응시하게 되었다.
재료의 선택부터 손질하는 방법 등등 요리법을 설명하는 중간중간
에 삽화까지 곁들여 있어 화면으로 봐도 근사해 보였다. 내용도 내
용이지만 줄곧 나를 사로잡았던 것은 책을 이루고 있는 한지의 질감
과 색, 그리고 그 위에 세로로 적혀 있는 글씨와 그림이 주는 시각적
이미지였다. /

오래된 요리책이라는 것만으로도 매력이 있는데, 한지에 세로로 붓
글씨가 쓰여 있다니, 정말이지 근사했다. 그래서 나는 곧바로 세로쓰
기 요리책에 도전했다. /

나도 첫 장에 이렇게 당부의 말을 적어보았다. /

'예쁜 종이, 펜의 조합과 그것이 만들어내는 이미지에 특별히 신경
쓴 것이니 가져가지 말고 더 예쁜 종이와 펜을 가져와서 옮겨 적어
가시게……' /

그러고 나서, 평소 즐겨 먹거나 좋아하는 요리를 그림과 글로 정리
해보았다. /

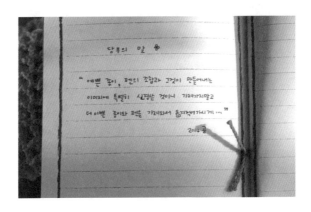

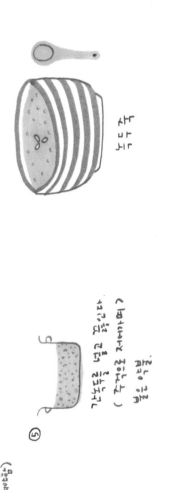

믹서기

⑥
씨앗은 우려져, 걸러서
체에 밭쳐 걸러주기
(우러난 물은 버리기)

⑤
곱게 갈기
(믹서기나 절구)
우려서 걸러
걸러주기

④
아래에서 위로 걸러내기
(면보자기 사용하면 편해요)
나머지

③
갈아주기
미세한 입자로
(믹서기나 절구통에
갈아주기)

②
곱게 갈기
(믹서기나 절구통에
갈아주기)
물을 조금씩 넣어가며

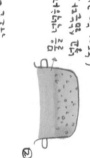
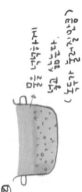

①
물에 담가 불리기
(하룻밤 정도 불려주기)
충분히 불려
준비해 두기
(깨끗이 씻어 준비하기)

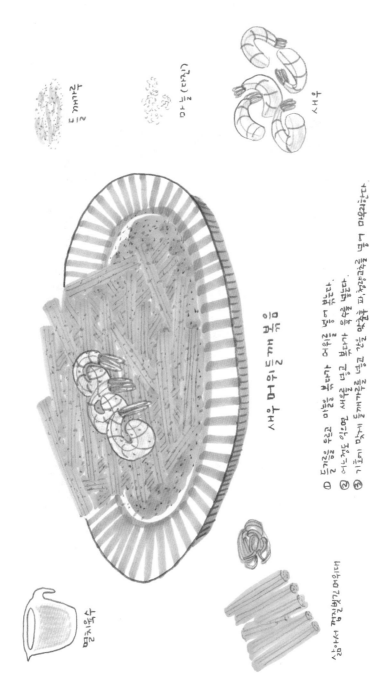

새우 미트볼 죽

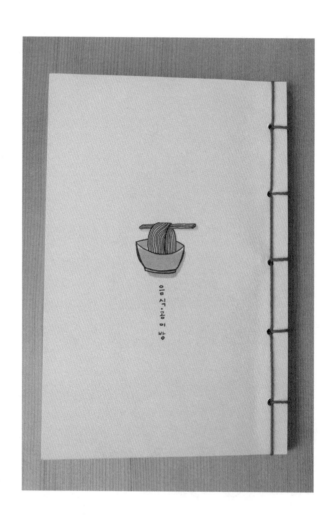

예쁜 종이에 요리법과 그림을 그린 이후

이것을 실제 그 요리 재료와 함께 선물해보자.

어디서도 구할 수 없는

나만의 특별한 선물이 될 것이다.

#3 바다와 번개팅하기

아침에 세수를 하다 문득,

지하철 안에서 한강을 바라보다 문득,

의자에 앉아 창밖을 보다 문득,

무료함에 오징어를 질겅거리다 문득,

책상 위 산더미같이 쌓인 서류를 보다가 문득,

차 포장지에 그려진 푸른색 바다 그림을 보다 문득,

문득, 문득, 문득,

바다가 떠오를 때가 있다.

물을 필요도 따질 필요도 없이 그냥 말 그대로 '문득!' 떠오르는 것이다. 누군가의 노래처럼 강릉 가는 차표를 지갑에 넣고 다니는 것만으로는 해소가 안 될 때가 찾아오는 것이다.

강원도는 버스로 몇 시간 만에 갈 수 있다고는 하지만, 결정적으로 나는 버스 멀미가 있다.

차로 간다고들 하지만, 나는 운전면허가 없다.

친구에게 부탁한다고들 하지만, 부탁은 어렵고 혼자 가고 싶을 때가 있다.

두드리면 열릴 것이요, 구하면 얻을 것이라고 했던가!

어느 날, 나는 공항철도를 탔다가 승강장에 붙어 있는 서해 낙조 사진과 운명적으로 마주쳤다.

아, 인천!

바다도 볼 수 있고, 덤으로 먼 여행을 떠나는 기분까지 경험하게 되는 곳.

그래, 공항철도를 타고 인천공항까지 가는 것이다. 밥은 공항에서 먹어도 된다. 여행 떠나는 사람들 사이에 묻혀 덩달아 기분을 낼 수 있다. 혼자여도 눈치 볼 것 없다. 공항 앞에서 버스를 타고 30분 정도만 가면 을왕리, 왕십리 해수욕장이 나온다.

손쉽게 만날 수 있는 나 홀로 바다!

물론 평일 오전에 출발하면 한가롭고 좋지만, 금요일 오후에 반차를 내고 다녀와도 버스가 저녁까지 자주 있으니 걱정할 게 없다. 입에서 바다! 바다! 바다! 세 번이 나오면 그냥 고민 없이 공항철도를 타면 된다.

손쉽게 만날 수 있는 나 홀로 바다!

1. 인천공항행 공항철도를 탄다.

2. 여행 떠나는 사람들 사이에서 덩달아 들뜬 기분에
   휩싸여 최면을 걸듯 여행의 기분에 빠져본다(그 기분
   을 오래 느끼고 싶으면 공항에서 한참 배회하며 시간을 보내
   도 좋다).

3. 어느 정도 기분이 정리되면, 공항 앞 버스 정거장에
   서 을왕리행 버스를 탄다(공항 3층 13A 버스 정거장에서
   302번 버스를 탄다. 약 30분 정도면 도착한다). 물론 꼭 을
   왕리가 아니어도 선녀바위나, 왕산 해수욕장에서 내
   려도 바다가 보인다.

4. 조개껍데기나 돌이 많이 있으니 몇 개 주워 증거를
   남겨도 좋다.

#4 복수 스티커 제작하기

외부 자극에 비교적 크게 반응하는 편은
아니지만 반사적으로 마음이 요동칠 때가
있는데, 누군가 바로 눈앞에서 자연스럽게
쓰레기를 버릴 때이다. 만약 그 장소가 지
하철 안이라면 최대한 그 사람이 내릴 때
까지 쩨려보고, 길 한복판이라면 뒤따라가
"이거 떨어졌어요"라고 작게 말한다.

사실 대개의 경우에는 나의 복잡한 내면
상태와는 달리 일방적인 '나 혼자만의 쩨
려봄'에서 끝난다. 상대는 눈치를 못 채는
비능률적인 쩨려봄이다. 쩨려보기만 하다
가 눈만 빨갛게 달아오르던 어느 날, 눈을
비비다가 마음 저 아래에서 무언가가 움찔
거렸다.

조금은 티가 나는 복수! 잔인하고 치명적

인 복수는 아니지만 어딘가 근질거리고 뜨끔거려 자꾸 뒤돌아보게
되는 복수!

장희빈처럼 부두 인형을 만들어 활을 쏘는 것은 아니고 인체에도 무
해하나 쪼잔하고 꺼림칙해서 쉽게 잊히지 않을 것 같은 섬세한 복
수! 그런 복수를 고민하다 몸 어딘가에 껌처럼 딱 달라붙어 떨어지
지 않았으면 하는 의도를 담아 '복수 스티커'를 제작하기로 했다.
복수하고자 하는 대상에 스리슬쩍 붙여놓기만 하면 되는 것이다. 복
수하고 싶은 마음을 스티커 디자인으로 승화시키는 것이 핵심 포인
트이다.

또한 내가 직접 할 수는 없지만, 사회 곳곳에서 암약하고 있는 거대
한 어둠의 세력에 복수를 날리고 싶다면 그 에너지를 모아 스티커
를 제작해서 주변 친구들에게 배포하여 소리 없는 복수를 퍼뜨려도
좋다.

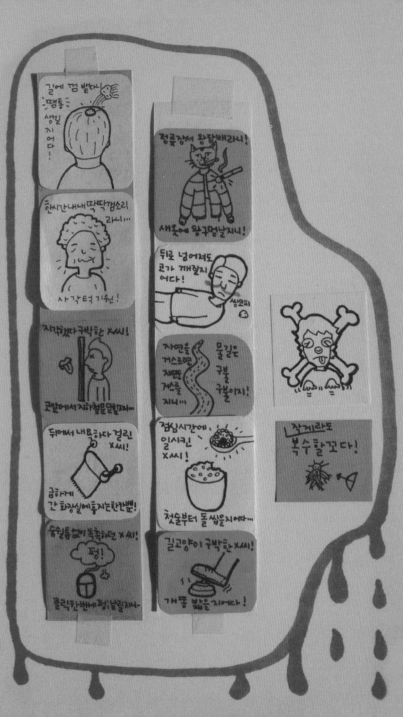

길고양이 구박한 × 씨!
개똥 밟을지어다!

지각했다 구박한 × 씨!
코앞에서 지하철 문 닫힐지니…….

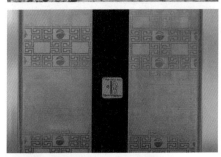

점심시간에 일 시킨 × 씨!
첫술부터 돌 씹을지어다…….

한 시간 내내 딱딱 껌소리라니…….
사각턱 기원!

1. 평소에 내가 복수를 다짐하게 되는 순간이 언제인지 기록해둔다(평소에 기록하기 어렵다면 일주일 정도 기간을 정해두고 나의 마음 상태를 바라보는 것도 좋다). 또는 주변에 원한이 많아 보이는 사람들에게 복수를 의뢰받아도 좋다.

2. 스티커에 넣고 싶은 이미지나 단어들을 고심한다. 직접적인 이미지를 넣는 것도 좋지만, 은유적인 표현이나 간접적인 단어를 사용해도 좋다. 취향에 맞는 쪽으로 택한다(스티커를 제작할 때 복수의 강도나 용도에 따라 분류하는 방법 등이 있으니 참고하길 바란다).

3. 인터넷이나 동네 작은 인쇄소 같은 곳에서 소량의
   스티커를 제작한다.

4. 스티커를 복수 대상에게 붙이고 인증샷을 남겨둔 이
   후, 한 번씩 사진을 보며 즐긴다(복수 대상이 쉽게 알아
   차릴 수 없는 곳에 스티커를 붙이는 것이 목적이긴 하지만, 대
   상에게 붙일 수 없을 때는 그쪽 방향이나 그들을 나타내는 대
   체물들에 붙인다).

5. 주변에 억울한 일을 당해서 복수가 필요한 친구들을
   만나면 스티커를 제작해줘도 좋다.

#5 임금님 귀는 당나귀 귀 놀이

분주했던 어느 밤, 광화문 거리를 걷다가 아스팔트 틈 사이에서 USB 메모리 하나를 주웠다.

1. 누가 잃어버린 것일까?
2. 혹시 일부러 버린 것일까?
3. 안에 무엇이 들어 있을까?

그 순간 세 가지 의문이 생겨났고, 여기서 파생된 생각들은 순식간에 머릿속을 가득 채웠다. 그래서인지 바로 USB 메모리를 확인해 버리기엔 어쩐지 아쉬워 집으로 돌아와서도 주머니 속에 넣어둔 채로 상상들을 따라다녔다. 그렇게 하루를 보낸 뒤, 며칠 동안은 그 USB 메모리를 조금씩 훔쳐보는 재미에 빠졌다. 막상 컴퓨터에 연결해서 그 속에 어떤 데이터가 들어 있는지 확인하는 것보다, 그 안에 뭐가 들어 있을지 혼자 마음껏 상상해보는 시간이 나에게는 더욱 달콤했다.

그리고 '임금님 귀는 당나귀 귀'라는 옛날이야기에 나오는 대나무 숲이 떠올랐다. 어쩌면 이 USB 메모리가 그 역할을 할 수 있겠다는 생각이 들었다. 내가 주변에서 들었던 비밀 이야기. 내가 주변 사람들에게 보이고 싶지 않았던 나의 이야기, 누군가 혹은 어딘가에라도 말을 해야 무게가 덜어질 것 같은 이야기. USB 메모리 안에 그런 이야기를 담는 거다. 그리고 대나무 숲에 소리치는 심정으로 사람이 많은 거리에 그것을 살짝 버려두는 것이다. 누군가가 이것을 주워가 나의 비밀 이야기를 읽을 수도 있고, 어쩌면 누군가에게 밟혀 부서져서 영원히 비밀로 남을 수도 있다. 아니 또 어쩌면 어떻게 되든 아무런 상관이 없을지도 모른다. 이 메모리가 내 손을 떠나는 그 순간부터 나는 이미 대나무 숲에 비밀을 외치듯, 내가 알고 있는 것들을 다 홀홀 털어버렸으니 말이다. 작은 USB 메모리 하나가 나에게는 대나무 숲보다 훨씬 더 유연한 도피처인 것이다.

내가 말하고 싶은 비밀의 양에 따라 여러 용량의 USB 메모리를 선택할 수 있고, 또 비밀을 담은 그것을 내가 원하는 그 어떤 곳에도 버려둘 수 있으니, 이 얼마나 유연한 도구인가 말이다. 나는 그저 '어떻게 하면 효과적으로 비밀을 표현할 수 있을까'에만 집중하면 된다.

누군가가 이것을 주워가 나의 비밀 이야기를 읽을 수도 있고,
어쩌면 누군가에게 밟혀 부서져서 영원히 비밀로 남을 수도 있다.

게다가 어떤 것에도 제약받지 않고 자유롭게 표현하다 보면 평소보다 훨씬 더 훌륭한 결과물이 나오는 행운을 만날 수도 있다. 어쩌면 우리는 대나무 숲에 소리치는 것보다 그저 대나무 숲이 존재한다는 그 사실 하나만으로도 위안을 받는지도 모른다.

1. 나만의 비밀 이야기, 어디에든 하고 싶었던 이야기, 한 번쯤 입 밖으로 내보내면 시원해질 것 같은 이야기들이 있는지 곰곰이 생각해본다.

2. 풀어내어야 할 이야기가 정해졌으면 어떤 형식이라도 좋으니 자신의 비밀을 표현해본다(그림이 좋으면 그림으로, 글이 좋으면 글로, 타인의 글이나 그림, 사진이 좋으면 또 그것을 이용해서 나타낸다. 뭐든 본인이 가장 편한 방식을 택하면 된다).

3. 자신에게 맞는 용량의 USB 메모리를 준비한다.

4. 나에 대한 개인 정보는 다 지우고 'USB 메모리 대나무 숲'에 소리치고 싶은 비밀들을 담는다.

5. 유동 인구가 많은 거리 혹은 조용하고 한적한 동네의 골목길에 USB 메모리를 슬쩍 흘린다.

6. 한 번 나의 손을 떠난 USB 메모리는 다시 뒤돌아보지 않는다. 이제 비밀은 영영 내 손을 떠난 셈이다. 그 사실을 확인하며 발설의 기쁨을 맛본다.

#6 우연을 준비하기

길모퉁이에서, 대로의 횡단보도에서, 건물의 엘리베이터에서 우연히 아는 사람과 마주치는 경우가 종종 있다.

마주친 순간은 찰나여서 그냥 지나치지만, 집에 돌아와서 다시 떠올려보면 그 놀라운 확률에 '운명'이란 단어를 떠올리게 된다. 내가 한 걸음, 상대가 한 걸음만 더 빠르거나 느렸다면 우리는 그렇게 마주치지 못했을 것이다. 그렇다면, 서로의 걸음 수까지 치밀하게 계산된 우연인 것이다. 그리고 우연이라는 단어 안에는 어쩌면 운명이 포함되어 있는지도 모르겠다.

우연이 치밀하게 계산된 운명이라면, 우연에 대한 예우 차원에서 나의 바람을 담아 내 방식대로 뭔가를 할 수는 없을까? 바로 이런 고민을 하다 생각해낸 것은 만난 순간 '짠!' 하고 꺼낼 수 있는 증표였다.

우연히 마주치고 싶은 누군가, 우연히 마주치고 싶은 상황들을 눈을 감고 떠올려보고, 그 상황에서 상대에게 주고 싶은 것을 미리 만들어놓는 것이다. 그리고 이것을 늘 몸에 지니고 다니다가, 그 상황이

우연히 만나면 주려고 가지고 다녔어…….

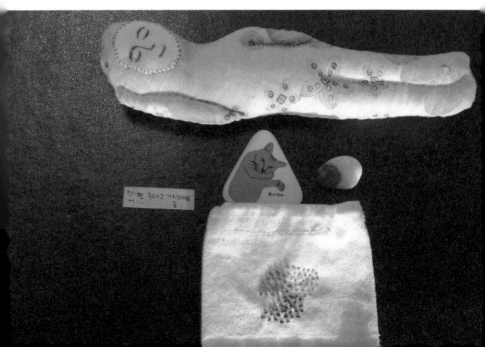

닥치면 상대방에게 증표를 건넨다.

어쩌면 매일 우연히 마주치기를 바라는 마음이 그 상황을 불러오는 것인지도 모른다. 상상하는 것에서 멈추지 않고 작은 증표라도 만들어 지니고 다니는 건 참 근사한 일이다.

1. 우연히 마주치고 싶은 사람이나, 상황을 눈을 감고 떠올려본다(그중에 우선순위를 생각해보고 하나만 선택한다).

2. 그 상황이 오면 상대방에게 건네고 싶은 증표를 준비한다(기왕이면 직접 쓰거나 만든 것이 더 의미 있을지도 모르겠다. 매일 가지고 다녀야 한다는 점을 고려해서 부피나 크기를 결정한다).

3. 이 놀이의 핵심은 대상을 떠올리고 상상하는 순간에 있음을 잊지 말아야 한다(그러니까 상상하는 장면은 길고 자세할수록 좋다).

편지나 소포를 받는 꿈을 주기적으로 꿀 만큼 우편물을 좋아한다. 그중에서도 가장 좋아하는 우편물은 씨앗과 마른 잎들이 들어 있는 우편물이다.

나뭇잎 하나라도 주워서 말려본 사람은 알겠지만, 자연물들을 발견하고 선택하고, 관리하는 과정 모두엔 생각보다 훨씬 많은 정성이 필요하다. 아무리 예쁜 잎을 만났다고 해도 들고 있는 손가락에 힘한 번 잘못 주었다가 잎이 찢어지거나 부서지는 것은 다반사이고, 보관하는 곳까지 안전하게 들고 가는 것 자체에 많은 주의가 필요하다. 방까지 잘 데려왔다고 해도 상태 좋게 고르게 말리려면 책으로 누르기도 해야 하고, 종이가 눅눅해지면 때에 맞춰 종이를 바꿔주기도 해야 한다. 신경 써야 할 일이 한두 가지가 아니다. 그런 과정을 거쳐 내게 소포로 온 자연물인데 어떻게 감사하지 않을 수가 있겠는가.

씨앗 소포를 보내야 할 계절 봄. 아침에 일어났을 때 함께 살고 있는 고양이의 털들이 바닥에 수북해지는 느낌이 든다면 이것이 바로 봄

이 오는 신호이다. 그리고 주변을 둘러보면 방 구석구석에는 겨우내 뒷산을 돌아다니며 주워온 마른 열매와 씨앗들이 널려 있다. 지난 가을에 주워온 열매는 겨울 어느 날 작은 소리를 내며 콩꼬투리 터지듯 사방으로 흩어지기도 했다. 씨앗들이 터지며 내는 소리에 놀라기도 했고, 어느 날은 방바닥에서 이름 모를 씨앗들을 줍기도 했다. 바로 그런 씨앗을 보내야 할 때가 온 것이다.

쌀알 크기의 작은 씨앗을 하나 꺼내어 멍하니 바라보면서 생각한다. 그 안에 꽃도, 잎도, 줄기도 그리고 뿌리도 들어 있다는 것. 나는 잠시 눈을 감고 씨앗이 꽃이 되었을 때를 상상해본다. 누군가에게 봄을 보내야겠다. 씨앗을 보내는 것은 봄을 보내는 일이라고 생각하니 어쩐지 근사해진다. 매해 친구들에게 씨앗 소포를 보내며 봄을 맞이할 수 있다면 좋겠다.

1. 가을, 겨울 어느 곳을 다니든지 열매나 씨앗이 눈에 보이면 바로 모아놓는다. 그리고 방 어딘가 눈에 잘 보이는 곳에 놓고 평소 눈인사를 하면서 친해진다.

2. 겨울에 모아놓은 씨앗이 없다면 봄이 오는 시기에 시간을 내어 전통 시장이나 꽃집에 가서 씨앗들을 살 수도 있다. 이 놀이는 일부러 시간을 내어 가서 씨앗을 보는 것이 핵심이다.

3. 준비한 씨앗들을 종이에 종류별로 담아 봄소식을 나누고 싶은 사람들에게 보낸다(보내기 전에 씨앗을 보며 그 안에 들어 있을 꽃, 잎, 줄기, 뿌리를 상상해보는 의식을 치른다).

밤낮눈비매양OK!
⟨⟨⟨⟨즐토⟩⟩⟩⟩

토요일

#8 소원을 이뤄주는 팔찌 만들기

손가락에 반지 하나만 껴도 전철에서 선뜻 손을 못 펴는 주변머리를 가지고 있는지라 어린 시절 친구가 색색의 실을 땋아 만들어준 실 팔찌는 내게 조금은 특별한 의미를 지녔다. 친구가 손수 만들어준 것이어서 쑥스럽기도 했지만 실 팔찌는 내가 꾸준히 할 수 있는 유일한 장신구였다. 그런데 얼마 전, 같이 실 팔찌를 구경하던 친구 녀석이 흘리는 말에 귀가 솔깃해졌다. 녀석의 말인즉슨, 한 번 팔에 실 팔찌를 두른 이후, 실이 해질 때까지 계속 차고 있으면 소원이 이루어진다는 것이었다. 어찌 보면 뻔한 얘기긴 하지만, 이런 신비로운 이야기에 맘 약하기로 정평이 나 있는지라 이미 이 이야기에 넘어가 있었다.

집으로 돌아와 검색을 해보니 실로 엮은 팔찌를 '미산가'라 부른다는 것과 실 팔찌 만들기에는 여러 방법이 있다는 것을 알게 되었다. 친구의 이야기를 들을 때까지만 해도 그냥 만들어진 것을 고르는 것에만 신경을 썼는데, 소원이 이루어진다는 이야기에 마음을 빼앗겨 어떻게 하면 실 팔찌를 만들어볼까 하는 궁리에 빠지기 시작했다. 내 마음을 가장 많이 흔들었던 대목은 실이 해질 때까지 풀지 않고

팔목에 차고 있어야 한다는 점이었다. 그 말은
손에 찬 팔찌를 볼 때마다 틈틈이 소원을 떠올
려야 한다는 뜻이었다. 무언가 소망을 품는다
는 것. 그리고 그것을 틈틈이 생각한다는 것. 그리
고 그것을 오랜 시간 동안 지속한다는 것. 어쩌면 실
이 해질 때까지 꾸준히 소망을 생각한다면 그것이 이루어지는가의
여부는 그다지 중요하지 않을 수도 있다는 생각이 들었다. 세수를
하면서, 밥을 먹으면서, 일을 하면서, 운동을 하면서, 길을 걸으면서,
내 마음에 품은 소망을 떠올리는 것. 그것이 실 팔찌가 주는 메시지
인지도 모르겠다. 그렇다면 실로 엮을 만한 소망이 있고, 그것과 함
께 오랜 시간을 보내는 것 자체만으로도 다 된 것이 아닐까 하는 생
각이 들었다.

실 팔찌 만드는 방법은 역시나 내가 원하면 언제든 만날 수 있는 인
터넷 선생님의 도움을 받았다. 검색만 잘하면 엮는 방법은 동영상으
로도 쉽게 배울 수 있고, 실 팔찌의 핵심인 실의 배색도 도움을 받을
수 있다.

무언가 소망을 품는다는 것.
그리고 그것을 틈틈이 생각한다는 것.
그리고 그것을 오랜 시간 동안 지속한다는 것.

1. 실 팔찌를 엮을 때 가장 중요한 점은 소망을 품는 것이다. 내가 실로 엮어내고 싶은 소망을 정하고 그것을 품는 것. 가장 고심해야 하는 과정으로 별 다섯 개짜리 일이라 할 수 있다. 엄숙한 명상의 과정처럼 정신을 집중하고 의식을 행하는 자세로 이 일에 임할 필요가 있다.

2. 그렇게 소망을 결정하고 나면, 그 내용에 맞는 실을 선택해야 한다. 자신이 택한 소망과 어울리는 색을 떠올려보고, 가장 잘 맞는 색깔의 실을 고른다.

3. 역시 엄숙한 자세로 실 팔찌를 엮는다. 한 번 묶으면 끝까지 가야 하므로 어느 손에 묶을지 심사숙고해서 결정해야 한다.

4. 완성한 뒤 손목에 두르면서 소망의 내용과 날짜를 비밀 노트에 기록해둔다.

5. 모든 과정은 될 수 있으면 소망을 담은 것이니만큼 진중한 태도로 임할 것을 권한다. 처음에는 손목에 무언가를 하고 있다는 것이 걸리적거릴 수 있지만, 시간이 지나다 보면 색이 들어간 내 몸의 일부처럼 아무렇지도 않게 느껴지는 순간이 온다. 언제쯤 그런 느낌이 드는지를 세어보는 것도 재미 중의 하나이다.

* 누군가에게 주고 싶다면 1번 과정에서 상대의 소망을 품으면 된다. 그리고 될 수 있으면 상대방의 손목에 팔찌를 직접 채워준다.

#9 겨울밤에 스콘 만들기

고등학교 때 화실이 있는 건물 계단을 오를 때면 너무나 괴로웠다. 화실은 3층인데, 이 무슨 조합인지 2층에 제빵 학원이 있었기 때문이다. 보통 학교 수업을 마치고 학원에 도착하는 시간쯤 되면 허기가 몰려오는데 계단에서 솔솔 풍기는 향기로운 빵 냄새를 맡을 때마다 주린 배를 움켜쥐고 계단을 기어서 올라가야 하는 상황이 연출되곤 했다. 계단의 첫 칸에 발을 올릴 때 코로 스며들던 빵 냄새란……. 그 이후로는 그때 그 빵 냄새만큼 진한 향기는 맡아보지 못했던 것 같다. 어쩌면 그 덕분에 밤늦게까지 다녀야 했던 입시 미술 학원의 생활이 덜 삭막했는지도 모르겠다.

어느 겨울밤, 혼자 집에 멍하니 앉아 있다가 문득 오늘 한 마디도 하지 않았다는 생각이 들었다. 목소리가 안 나오는 것은 아니겠지 하고 목에 힘을 주어 "아아!" 하고 마이크 테스트하듯 소리를 내다가 고개를 들었는데 그 기억이, 정확히 말하자면 그 냄새가 떠올랐다. 나는 갑자기 지난 기억들을 따라 계단을 오르듯 벌떡 일어나 친구에게 선물받은 작은 오븐을 꺼내어놓고 밀가루를 찾았다. 그리고 인터넷 검색을 시작했다.

일단 만드는 과정이 부산스럽지 않거나 재료가 많이 필요하지 않은 빵을 찾았다. 그렇게 가지고 있는 재료를 감안해서 만들 수 있을 것 같은 빵은 평소 좋아하던 '스콘'이었다. 냉장고에서 버터, 플레인 요구르트를 꺼냈다. 갑자기 분주해진 덕분인지 온 집에 온기가 드는 것 같았다.

밀가루를 꺼내어 체에 치면서 아래 받쳐놓은 그릇으로 떨어지는 흰 가루들을 고개 숙여 확인하는 순간 나는 멈칫했다. 밀가루가 체 아래로 떨어지는 장면이 눈 오는 겨울밤과 오버랩되었기 때문이다.

버터를 밀가루에 부숴 섞으면서, 설탕과 플레인 요구르트를 넣고 조물조물 뭉쳐 비닐에 쌓아 냉장고에 휴지(休止)시키면서, 꺼내어 모양을 만들고 바스락거리는 유산지에 반죽들을 올려놓으면서, 떨리는 마음으로 오븐을 켜면서, 빵 냄새가 집 안에 서서히 퍼지고 따뜻한 오븐의 온기에 어느새 다가온 고양이를 쓰다듬으면서, 째깍거리는 오븐 소리에 맞춰 빵이 부풀어 오르는 것을 보면서, 열이 채 식지 않은 오븐에서 빠르게 빵을 집어 들다 뜨거워 바닥에 떨어뜨리면서,

"겨울밤에는 겨울 빵이 정말 잘 어울려"라고 혼자 수없이 중얼거렸다. 이제 겨울밤만 되면 이 향긋한 빵 냄새가 떠오를 것이다.

검색하면 스콘 레시피는 수도 없이 나오니 걱정할 필요 없다. 어차피 팔 것도 아니고 내가 먹을 것이니 대략 쉬워 보이는 레시피를 골라 영화에서 봤던 근사한 집에서 겨울에 벽난로를 지피는 심정으로 오븐에 빵을 구워보는 것이다. 오븐의 열기와 빵 냄새가 집 안에 가득 차서 혼자 있는 방이 완전히 새로운 방으로 변신하게 될 것이다.

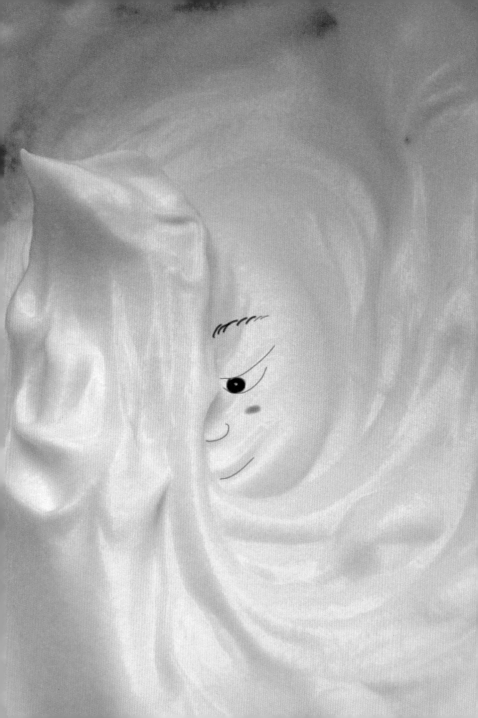

"겨울밤에는
겨울 빵이
정말 잘 어울려"라고
혼자 수없이 중얼거렸다.

칼같이 정확한 레시피를 원한다면 검색을 이용하는 것이 좋겠지만, 집에 있는 재료를 사용한 나의 맞춤 두리뭉실 레시피를 하나 공개한다.

1. 강력분 또는 그냥 집에 있는 밀가루를 작은 컵으로 하나(종이컵 사이즈) 200~300g 정도 꺼내어 체에 친다.
2. 설탕은 숟가락 기준으로 한 스푼이나 두 스푼 정도 넣는다.
3. 소금은 티스푼으로 깎아서 한 번 넣는다.
4. 베이킹 파우더는 티스푼으로 한 번 넣는다.
5. 플레인 요구르트는 반죽하면서 너무 질지 않을 만큼만 첨가한다.
6. 계란 노른자는 빵 위에 바를 것을 조금 남겨놓고 나머지는 반죽할 때 같이 넣는다(생략 가능).
7. 시나몬 가루를 첨가한다.
8. 170~180도에서 20분간 가열한다(반죽을 하는 동안 150도에서 오븐을 5~10분쯤 예열해도 좋다).
9. 집에 견과류나 다른 넣을 것이 있다면 같이 넣어도 괜찮을 듯.
10. 먹는다.

#10 '땅그지'로 살아보기

처음 시작은 단추였다. 길에서 우연히 초록색 단추 하나를 줍게 되면서 사건은 시작되었다. 초반엔 단추가 과연 또 있을지 반신반의하기도 했지만, 신기하게도 바닥에 집중하니 하나둘 단추가 눈에 들어왔고 손에 쥐어졌다.

사실 내가 땅에서 뭔가를 줍기 시작한 것은 아주 오래전에 시작되었다. 산이나 풀밭 같은 곳에 가면 눈에 띄는 뭔가를 항상 집으로 데려왔는데 주로는 예쁜 열매나 나뭇잎이었다. 그냥 땅에 떨어져 있는 것이 어쩐지 아깝다는 생각이 들었기 때문이었다. 사람이 인위적으로 만들 수 없는 자연의 일부여서 그런지 그런 생각이 더했다. 이후 그런 것들로 방의 구석구석이 가득 찰 무렵쯤 나는 이미 땅에서 뭔가를 줍는 습관에 익숙해져 있었다. 그래서 내친김에 한 번 작정하고 뭔가를 주워보기로 했다. 꼭 산에서 자연물을 줍는 것뿐 아니라 그냥 길거리를 걷다가 보게 되는 것들에까지 줍는 범위를 넓혀보고 싶었다. 아무런 준비도 필요 없고 조금의 여유를 갖고 길을 걸으면 그만이다.

그런데 정말 신기한 것은 일단 줍기로 마음먹고 길을 나서면 무엇이 걸려도 걸린다는 것이다. 특별히 준비할 것도 없다. 어떤 것이든 좋다는 열린 마음만 있으면 된다. 여러 날 동안 줍기 놀이에 빠지면서 나는 재미있는 사실을 발견하게 되었다. 밖에 나가 처음 눈에 띄어 줍게 된 물건이 무엇이든 간에, 그날은 그와 비슷한 재질의 물건들만 줍게 된다는 점이다. 이를테면 못이나 열쇠 같은 쇠붙이를 처음 줍게 되면 하루 종일 금속 재질의 물건들이 눈에 들어온다. 또 타일 조각을 처음 줍게 되면 하루 종일 바닥재들이 눈에 띄고, 누군가의 글씨가 적힌 작은 종잇조각을 줍게 되면 계속 종이들이 보이는 식이다. 게다가 주워온 물건들 사이에서도 서로 연관성이 생겨나고 그들만의 사연들도 생겨난다.

또 길 위에서 만나는 것들은 온전한 형체가 아닌 경우가 많다. 평소라면 그것 자체에 눈길을 주거나 따로 떼어서 볼 수 없었던 것들이 대부분이다. 줍는 행위는 주운 대상을 무엇의 부분으로가 아니라 현재 상태 그대로 바라보게 한다. 주변의 모든 사물들에 새로운 눈을 뜨게 한다.

집으로 돌아와 그날 주워온 물건들을 줄 세
워놓고 바라보면 내가 걸었던 거리와 공간들이
스치고 지나간다.

작은 플라스틱 장난감, 반짝거리는 열쇠, 정체를 알 수 없는 쇠붙
이……. 어느 날 문득 그 물건들을 가만히 바라보고 있으면 나도 모
르게 정이 느껴진다. 어느 날은 반짝거리게 닦아서 사진을 찍어보기
도 하고, 물건의 외곽선을 따라 그림을 그려보기도 하고, 누군가가
적어놓은 숫자들을 공책에 옮겨 적어보기도 한다. 나와는 아무런 연
관이 없는 물건들을 하나둘 모아두고 바라보는 일. 그리고 그것들과
새로운 추억을 만드는 일. 그 과정에서 물건들과 나 사이에 저절로
관계가 생기는 것이 참으로 신기하고 재미있다. 내일은 길에서 또
어떤 것을 만나게 될지 궁금해진다.

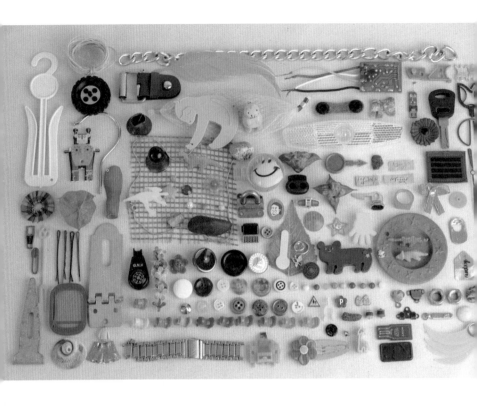

작은 플라스틱 장난감, 반짝거리는 열쇠, 정체를 알 수 없는 쇠붙이······.

어느 날 문득 그 물건들을 가만히 바라보고 있으면 나도 모르게 정이 느껴진다.

내가 주웠던 단추 중 최고봉 :
단추의 구멍에 실이 아직 연결되어 있다.
이것은 단추가 떨어진 지 얼마 지나지 않았다는 증거이다.

1. '줍는 행위는 창피한 일이 아니다. 나는 이것들을 모으는 프로젝트에 참여하고 있는 것이다'라고 자기최면을 건다.

2. 혹시나 위생 상태가 좋지 않을 수 있으니 작은 주머니를 미리 준비해서 거기에 담는다.

3. 집에 가져와서 깨끗하게 씻어서 모아놓는다.

4. 줍는 상황에서 사진을 찍어도 좋고, 집에 가져와 깨끗한 상태의 물건들을 배열해서 사진을 찍어도 좋다. 유난히 맘에 드는 것이 있을 때는 그림으로 그려서 남긴다.

5. 가능하다면 주워온 물건을 나의 일상에서 사용해본다(사실 이것이 최상의 쓰임일지도⋯⋯). 혹은 그것이 필요해 보이는 주변 사람들에게 건네도 좋다.

#11 꿈 수집하기

언제부터인가 머리맡에 노트를 놓아두고 꿈을 꾸면 그림으로 남겨두는 일종의 '꿈 일기'를 쓰기 시작했다. 그러다 보니 주변 사람들에게 꿈에 대해서 사주 말하게 되고, 자연스럽게 주변 사람들도 재미난 꿈을 꾸면 마치 제보를 하듯 나에게 이야기해주는 것이 관례처럼 되어버렸다. 그런데 지인들의 꿈 이야기를 들으면 언제나 내가 알던 그들의 모습과는 딴판인 경우가 많았다. 또 전혀 예측할 수 없는 황당무계한 설정하며 끝을 알 수 없는 흥미진진한 줄거리를 듣다 보면 나도 모르게 그 이야기 속으로 빨려 들어가곤 했다. 그래서 나는 꿈 수집가가 되고 싶어졌다.

주변 사람들의 꿈들을 모아서 내 마음대로 기록해보는 거다. 대부분의 꿈들은 아주 인상이 깊은 내용이 아니면 하루 이틀만 지나도 기억에서 사라져버리기 때문에 만약 기록으로 남겨두면 세상 어디에도 없는 귀한 자료가 된다. 게다가 꿈을 꾼 사람조차도 기억하지 못하는 꿈을 내가 기록해서 가지고 있다고 생각하니, 일종의 사명감 같은 것까지 느껴진다.

또한 기자처럼 주변 사람들의 이야기를 경청하면서 메모하는 기회는 그리 자주 오지 않는다.

누군가의 꿈을 들어주고 기록해서 가지고 있다가 언젠가 때가 되어 본인에게 다시 선물할 수 있다면 그보다 더 근사한 선물은 없을 것이다.

새파란 사해에 떠서 계속 기타를 치는 꿈.

바늘 땀이 보이는 우주복을 입고, 우주에서 춤추는 꿈.

↑↑ 푸른 호수에서 수영하다가 네 발 달린 동물이 떠 있는 것을 본 꿈.
↑ 여러 색의 입자로 만들어진 사람이 종이를 찢어 던지자 불꽃이 일어나는 꿈.

1. 주변의 친한 친구들 혹은 흥미로운 사람이 있다면 그들에게 꿈 이야기를 들려달라고 말한다.

2. 필기도구를 지참하고 온몸의 정신을 집중해서 그들의 이야기를 듣고 기록한다.

3. 기록의 형식은 자신에게 맞는 것으로 택한다(글이 좋다면 글로, 그림이 편하면 그림으로, 소리가 좋다면 녹음으로 해도 된다).

4. 꿈을 기록한 이후, 시간이 흘러 그 사실조차 잊어버릴 때쯤이 되면 꿈을 꾼 당사자에게 기록을 선물한다. 혹시 그들에게 선물하기 싫다면 그냥 조용히 혼자 꺼내보면서 좋아한다.

걷는 것은 참 신기하다. 날이 좋거나, 바람이 좋거나, 비가 오거나, 눈이 오거나, 기분이 좋거나, 심심하거나, 우울하거나, 슬프거나, 혼자 걷거나, 누군가와 같이 걷거나, 낮이거나, 밤이거나, 아는 길을 걷거나, 모르는 길을 걷거나, 흙길을 걷거나, 아스팔트 길을 걷거나, 새벽길을 걷거나, 산길을 걷거나, 모래사장을 걷거나……

어떤 상황에서 어떤 길을 걷든 간에 그때그때 고민하던 의문에 대한 답을 준다. 직접적인 해답이 아니라 해도 내 마음을 걸어가게 해서 전에 있던 곳에서 다른 곳으로 옮겨놓는 것 같다. 머리가 무거운 상태라면 그 상태 그대로, 가벼운 상태라도 또 그 상태 그대로, 그냥 그대로 나가서 걷는다. 어떤 결심이나 다짐 같은 것을 따로 할 필요 없이 지금 내 상태 그대로 나가서 무작정 걸으면 된다.
그냥 걷는 거다. '걷는다'는 단어는 직접 나가서 걷지 않고서는 다른 그 어떤 말로도 설명할 수 없는 분위기가 있다. 그러니 더 이상의 부연 설명 없이 그냥 지금 상태 그대로 나가서 걸어본다. 걷다가 어떤 생각

이 떠오르면 자연스럽게 그것을 따라가기도 하고, 주변의 풍경들이 눈에 들어오면 그것들을 담아보기도 하고, 머릿속에서 많은 질문을 하고 또 그것에 답변을 하면서 계속 걸어보는 것이다. 어떤 준비도 필요 없이 그냥 내 상태 그대로 걷기만 하면 되는데, 그것을 실행으로 옮기는 것은 그리 쉽지가 않다. 그래서 나 스스로에게 걷기를 독려하기 위해 매일 조금씩 시간을 만들어 걷고, 그것을 기록으로 남겨보기로 했다.

완 주 증

참가부분 : ' 걷고 걷고 또 걷자 '

성 명 :

기 록 :

거 리 :

구 간 :

귀하께서는

' 걷고 걷고 또 걷자 '의 결심을

위와같이 완주하였음을

증명합니다.

2 0 1 년 월 일

증인 :

무 조 건 걷 자 협회 [공인
인]

1. 완주증을 잘라 복사를 하고, 여러 부 준비해 현관문 앞에 배치해놓는다.

2. 매일 문을 나서면서 완주증을 챙겨 나간다.

3. 상황이 되면 걸으면서 생겨나는 것들을 함께 기록해도 좋고, 상황이 어려우면 집으로 돌아와서 기록해도 좋다(그날그날 새롭게 떠오른 생각이나 걷고 나서 달라진 것들을 함께 기록해두어도 좋다).

4. 완주증을 꾸준하게 기록하고 모아둔다.

#13 땀서 만들기

천에 작은 구멍을 만들며 뚫고 나오는 바늘의 뾰족한 부분에 눈을
맞춘다. 바늘을 엄지와 검지 사이에 끼워 넣어 잡고 팔을 공중으로
높게 끌어올려 따라오는 실을 당긴다. 겨울밤 방에 앉아 이 동작을
무한 반복하고 있으면 어느 순간 머리를 채우던 모든 잡념이 사라진
다. 처음에는 아무런 생각 없이 시작하게 되지만, 막상 바느질이 시
작되다 보면 어느 순간 내가 바느질을 하는 것인지 바느질이 나를
조정하는 것인지 알 수 없게 되는 순간이 찾아온다. 분명 바느질에
는 마력이 있다. 광목천을 뚫고 나올 때 바늘과 실이 만드는 작은 소
리는 횟수가 반복될수록 점차 큰 울림을 만들고, 바늘을 공중으로
높게 잡아 올릴 때 실의 당김은 강태공이 고기를 건져 올리는 팽팽
한 낚싯줄에서 느낄 법한 미묘한 긴장감을 만든다. 바느질을 시작할
때도 매듭을 지어야 하고, 끝낼 때도 매듭을 지어야 한다는 것. 어쩐
지 이것이 상징적인 의미 같아 더더욱 근사하다. 바늘과 실이 만들
어내는 발자국을 '땀'이라고 부르는 데도 다 이유가 있는 것 같다. 땀
이 들어가는 바느질. 그렇다면 한 땀, 한 땀 바늘과 실에 마음을 담아
마음속의 다짐들을 천 위에 새긴다면 어떨까 하는 생각이 들었다.
땀으로 새겼지만 물로도 지워지지 않는 다짐. 피로 새긴 다짐을 혈

서라고 하니까 땀으로 새긴 다짐은 '땀서'라고 부르기로 했다. 천에 새긴 땀서를 눈에 잘 보이는 곳에 붙여두고 두고두고 다짐을 한다면 혈서 이상의 효과가 있을 것만 같다.

할 일들이 엉켜서 좀처럼 마음잡기 어려운 날, 무엇이라도 해야 할 것 같아 땀서를 쓰기로 했다. 그래서 바늘을 들었다. 마음에 새기듯이 바느질을 시작했다. 주문을 거는 마음으로……

서두르지 않고, 하루하루, 한 땀 한 땀, 한 걸음 한 걸음, 한 자 한 자, 한 잎 한 잎, 한 숨 한 숨, 한 그루 한 그루, 한 코 한 코……

매일 하나씩 하나씩 한 조각씩 한 조각씩 마음을 새기고 다짐을 새기기 시작했다. 신기하게도 한 땀 한 땀 바느질을 할 때마다 마음이 조금씩 조금씩 그 땀을 따라가는 것 같다. 그리하여 마음 또한 조금씩 조금씩 차분해지는 것 같다.

땀서

나 곰은 올한해 !
하루 하나 줍고
하루하나 그리고
하루하나 만들고
하루하나
GO

한 땀 한 땀

한 걸음 한 걸음

한 자 한 자

한 잎 한 잎

한 숨 한 숨

한 그루 한 그루

한 코 한 코

1. 마음에 동요가 생겨 어떤 결심을 하게 될 때나 복잡한 마음을 가다듬을 때 천을 준비한다.

2. 천을 부담이 덜 가는 작은 사이즈로 자른다(나중에 그것들을 모아 연결할 것이기 때문에 적당한 사이즈로 재단한다).

3. 다짐이 필요한 순간이 되면 작게 자른 천에 연필로 살짝 글을 적어두고 그 위에 다짐을 반복하면서 바느질한다.

4. 바느질 자체가 부담이 되지 않도록 하루에 많은 양을 하지 않는 것이 포인트이다.

5. 어느 정도 작은 사이즈의 다짐들이 모이면 그것들을 같이 연결해서 또 다른 쓰임을 만들어도 좋다(코바늘 뜨기로 만든 작은 조각들을 연결해서 이불을 만들거나 가방을 만드는 것처럼 이 조각들을 이용해서 다른 용도의 사물을 만들면 좋다).

*바느질하는 천은 색색이 다른 천을 이용해 다양한 것을 만들어도 좋다. 그러나 실은 될 수 있으면 굵은 실을 선택하는 것이 효과적이다(자수용 실이나 퀼트용 풀먹인 실을 쓰는 것이 덜 엉킨다).

#14 동대문 상가에서 헤매기

매운바람에 거리를 걸어 다니는 사람조차 드물었던 추운 겨울날, 엄마를 따라 동대문 종합상가에 처음 갔다. 엄마의 손에 이끌려 실들이 가득한 상가의 지하에 들어섰을 때, 눈앞에 펼쳐진 신세계를 보고 나는 충격을 받았는데, 그것은 야생화가 많이 피어 있다는 친구의 비밀 장소를 처음 따라갔다가 꽃으로 가득한 공간을 직접 봤을 때 받았던 충격과 비슷한 강도였다. '동대문 종합상가에는 없는 것 빼고 다 있다'는 이야기를 어릴 때부터 익히 들어서 알고는 있었지만, 막상 눈으로 그곳을 확인하고 나니, 나의 상상이 터무니없이 빈약한 것이었다는 것을 깨닫게 된 것이다.

가게마다 가득 차 있는 실뭉당이들과 그곳을 둘러싼 수많은 사람들이 거대한 틀 속에서 유기적으로 움직이는 것이, 마치 거대한 벌집의 단면을 보는 것 같았다. 무심하게 사람들이 오가는 거리 아래에 이런 공간이 있다니……. 나는 이런 지하의 빽빽한 공간에 사람들이 가득 들어앉아 뜨개질을 하고 있을 거라고는 상상도 하지 못했다. 어쩐지 그동안 세상에 알려지지 않은 비밀 기지를 발견한 것만 같은 생각이 들었다. 그리고 한편으로는 나도 빨리 이 비밀 기지의 일원

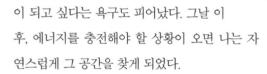

이 되고 싶다는 욕구도 피어났다. 그날 이
후, 에너지를 충전해야 할 상황이 오면 나는 자
연스럽게 그 공간을 찾게 되었다.

그와 더불어 다니면서 몇 가지 주의할 점들이 생겼는데 그것은 공간
이 너무나 복잡하게 얽혀 있어서 한 번 갔던 가게를 다시 찾기 어렵
다는 점과 신기하고 탐나는 물건들에 정신줄을 놓고 마구 사다 보면
주머니가 금방 비어버린다는 점이다. 이 두 가지만 염두에 둔다면
이보다 더한 나만의 비밀 기지는 없는 듯하다.

이제 마음이 풀려버리는 날, 아무리 헤매어도 상관없고, 모든 것을
잊고 싶다는 마음이 들 때면, 주머니에 만 원짜리를 장전하고 그곳
을 찾는다. 물론 이곳은 생각보다 어마어마하게 넓어서 공략 지역을

구분해서 몇 년 동안 구석구석을 탐험해야 했다.

첫 번째 공략 지역은 동대문 지하상가 D동이었다. 그곳은 온갖 종류의 실이 있는 곳으로 뜨개질 용품이 가득한 곳이다. 최적기는 아무래도 겨울이지만 여름에도 상관없다. 어느새 내 손에 들려 있는 실만 원어치를 보면 마음이 부자가 된 느낌이 들 것이다. 실의 다양한 색깔과 재질은 말할 것도 없고 감겨 있는 실의 모양이나 실패의 재질에까지 빠져들지도 모른다.

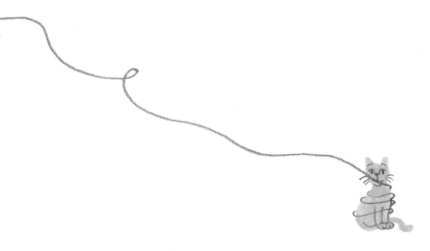

마음이 풀려버리는 날,
아무리 헤매어도 상관없고, 모든 것을 잊고 싶다는 마음이 들 때면,
주머니에 만 원짜리를 장전하고 그곳을 찾는다.

실의 다양한 색깔과 재질은 말할 것도 없고
감겨 있는 실의 모양이나
실패의 재질에까지 빠져들지도 모른다.

1. 손으로 할 수 있는 새로운 일을 하고 싶다는 생각이 들 때, 빠른 일상에서 잠깐이라도 빠져나오고 싶을 때, 따뜻한 공간에 가고 싶을 때, 그때 동대문을 외친다.

2. 나는 오늘 어딘가를 헤맬 것이라는 자기암시를 한다. 이때 헤매는 것이 당연하다는 것을 잊으면 안 된다.

3. 주머니 속에 만 원짜리 지폐가 있는지 확인한다.

4. 4호선 동대문역 9번 출구로 나간다.

5. 무엇인가 잔뜩 들고 있는 사람에게 물어 동대문 상가 D동의 위치를 물어보고 찾아서 들어간다.

6. 정신을 놓고 일단 사람들에 휩쓸려 상가 사이를 걷는다.

7. 어느 정도 헤맸다는 생각이 들 때 눈에 들어오는 실들을 고른다. 싸고 예쁜 실을 고르는 것이 목표이다 (단, 한 가게에서 두 개 이상 사면 안 된다).

8. 가게 주인이 뭐할 거냐고 물으면 코바늘뜨기를 시작하려고 한다고 말해라. 코바늘은 4~5호쯤으로 하나 구입한다(손잡이가 있는 것을 구입하는 것이 초보에겐 좋다).

9. 만 원을 넘으면 안 된다는 것을 기억해라.

10. 당장 코바늘뜨기를 시작할 엄두가 안 나도 눈에 띄는 곳에 실들을 놓아두면 되니 조바심은 금물이다.

11. 매번 다녀올 때마다 구입한 실들을 놓고 사진을 찍어보면 그날 나의 기분을 가늠해볼 수 있다.

12. 어느 날 마음의 준비가 되면 '코바늘의 기초'라고 인터넷 검색을 하고 시작한다.

일요일

#15 식탁 매트에 꽃 장식하기

저녁 시간 친구가 혼자 먹는 밥이라며 자신이 차린 밥상 사진을 보
냈다. 반찬의 가짓수가 많은 것도 화려한 메뉴도 아니었지만, 사진
속 친구의 밥상은 어딘지 모르게 맛있어 보이면서도 근사해 보였다.
가만히 보다 보니 그 느낌의 절반은 밥그릇 아래 깔려 있는 식탁 매
트 때문이었다. 선과 면이 많은 패턴에 바탕색은 알록달록한 원색이
었다. 식탁 매트가 깔려 있는 밥상과 그렇지 않은 밥상은 완전히 다
른 상이다. 바닥에 차려진 밥상과 식탁 위에 차려진 밥상의 차이쯤
은 되는 것 같다.

식탁 매트!

밥그릇 아래서 밥상을 받쳐주는 밥상의 꽃.

혼자 먹다 보면 편한 것을 추구하게 마련이지만, 그렇다고 늘 아무
렇게 먹을 수는 없다. 종이 한 장만으로 밥상의 질을 높여줄 수 있다
니! 매트를 만들어야겠다는 의욕이 생겼다. 먼저 식탁 매트에 무엇
을 그릴지 생각해보았다. 내가 좋아하는 식재료부터 맛있는 요리들

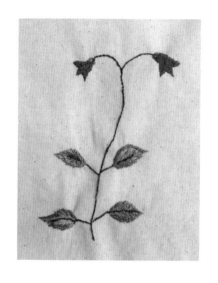

의 영상이 머릿속에 떠올랐다. 그러다가 반찬을 그려 넣으면 어떨까 하는 생각에 이르렀다. 평소에 반찬 가짓수도 얼마 안 되는데, 매트에 반찬 그림이 많으면 식탁이 풍성해 보일 것 같았다. 그렇게 그림으로 채워진 매트를 보니 자린고비가 굴비를 상 위에 매달아놓고 밥을 먹었다는 이야기가 떠올라 피식 웃음이 나왔다.

그다음으로는 자연의 이미지를 담은 사진들과 꽃의 영상들이 떠올랐다. 식탁 위에 늘 생화가 있다면 더 바랄 것이 없겠지만, 현실은 항상 그럴 수 있는 형편이 아니니 매트에라도 꽃이 담겨 있다면 좋을 것 같았다. 꼭 손수 그린 게 아니라도 좋다. 평소 마음에 드는 풍경 사진이라도 프린트해서 밥그릇 아래 놓으면 기분이 달라진다.

식탁 위에 늘 생화가 있다면 더 바랄 것이 없겠지만,
현실은 항상 그럴 수 있는 형편이 아니니
매트에라도 꽃이 담겨 있다면 좋을 것 같았다.

1. 주변에서 구하기 쉬운 식탁 매트의 소재를 택한다
   (천이나 종이, 아크릴판 등 어떤 것이라도 좋다. 그냥 A4용지
   를 사용해도 된다).

2. 첫 번째로는 밥그릇 아래에 있으면 좋겠다고 생각한
   것을 번지지 않는 볼펜이나 펜을 사용해서 그려본다
   (화방에 가면 A4 사이즈의 투명한 아크릴판을 쉽게 구할 수 있
   다. 거기에 그림을 그려보거나 마른 잎들이나 꽃잎들을 아래
   에 붙여서 사용해도 좋다).

3. 모든 것이 번거롭다는 생각이 들 때는 컴퓨터에 저
   장되어 있던 음식물 사진이나 자연물 사진들을 프린
   트해서 매트 위에 붙여서 사용해본다. 그러나 뭔가
   특별한 것을 시도해보고 싶다면 한 번은 몸을 움직
   여보는 용기가 필요하다.

#16 깔맞춤 놀이

이를 닦다가 평소와는 뭔가가 달라진 느낌이 들었다. 아무래도 어젯밤에 바꾼 칫솔 때문일진대 칫솔모의 이물감 때문만은 아닌 것 같았다. 뭣 때문에 이런 기분이 드는 것인지를 살피면서 거울을 보다가 손가락 사이로 칫솔 손잡이 부분의 민트색이 눈에 들어왔다. 민트색 칫솔, 생각해보니 신기하게도 민트색 칫솔은 내 생애 처음 써보는 것이다. 생애 처음 써보는 칫솔색이라니…… 칫솔의 색 하나 바뀌었을 뿐인데 마음은 이렇게 좋은가 싶을 정도로 달라져 있었다. 생각해보니 그동안 매일 수없이 만졌던 칫솔의 색에 한 번도 관심을 두지 않았다. 그래, 난 칫솔에 너무 무심했던 거다. 어쩐지 반성문이라도 써서 칫솔에게 제출해야 할 것만 같았다. 민트색 칫솔 덕에 정신이 번쩍 든 나는 고개를 돌려 주변의 물건들을 다시 찬찬히 둘러보았다. 오랜 시간 동안 늘 옆에 두고 사용하는 물건들에 왜 그리 무심했던 것일까…….

오랫동안 사용한 거라 낡은 필통이나 노트, 스케치북 같은 문구 용품들에는 이름까지 붙여가며 애정 어린 눈길을 줬으면서 매일 수도 없이 사용했던 수건, 칫솔, 밥그릇, 시장바구니, 젓가락 등등의 생활

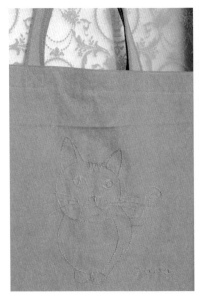 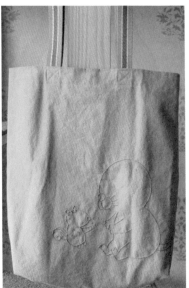

용품들에는 너무도 표정 없는 눈길을 주었던 것이다. 나는 물건에도
차별을 했다. 그래서 반성하는 의미로 그동안 인식하지 못하고 지나
쳐버렸던 사소한 물건들에 색을 입혀보자는 생각을 했다. 그러면 생
애 처음 해보는 일들이 많아질지 모른다.

늘 쓰던 공책의 책등 색을 바꿔보고, 운동화 끈도 평소 좋아하는 색
으로 준비해 바꿔보고, 저가의 생활용품들이 다 있는 가게에 가서
마음에 드는 색의 밥그릇을 사오기도 하고, 좋아하는 색종이를 오려
서 책상 앞 벽에 붙여두고……. 이렇게 무심하게 사용하던 물건들에

파란색으로 깔맞춤한 채,
길을 나서면 마음은
온통 파란색으로 물든다.

색을 입히다 보니 일상이 훨씬 다채로워지기 시작했다.

지하철에서 멀쩡하게 정장을 차려입은 남자가 건너편에 앉아 있는
것을 봤는데, 살짝 아래쪽을 바라보니 바짓단 사이로 흰 양말이 보
일 때, 별안간 놀라 계속 그 부분만 보게 되는 것처럼, 작은 부분의
색깔은 전체를 다르게 보이게 하는 힘이 있다.

오랜 시간 동안 늘 옆에 두고 사용하는 물건들에 나는 왜 그리 무심했던 것일까…….

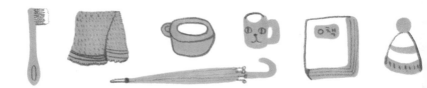

무심하게 사용하던 물건들에 색을 입히다 보니 일상이 훨씬 다채로워지기 시작했다.

1. 평소 나의 관심사에서 소외되었던 물건들 중 깔맞춤할 대상을 정한다(사소하고 시시한 것일수록 환영! 심지어 화장실에서 쓰는 두루마리 화장지도 색색별로 다 있다).

2. 아주 작은 것부터 시작할수록 재미있다(마음에 드는 색의 테이프를 사서 자주 있는 공간의 모서리 같은 부분에 살짝 붙이는 것으로 시작한다. 마음에 드는 색의 종이나 사물이 있으면 자주 보는 벽에 작게 붙여만 놓아도 기분이 달라진다).

3. 책상의 모서리, 휴지통의 뚜껑, 조명의 스위치 부분, 화장실 수건, 창가의 화분, 자주 사용하는 펜의 머리 부분 등 자주 사용하는 것들의 색을 내가 좋아하는 색으로 바꾸어본다.

4. 새로 물건을 살 때는 깔맞춤할 것을 염두에 둔다. '같은 값이면 다홍치마'라는 말이 괜히 나온 게 아니다. 예를 들어 면봉을 살 때 면봉의 대가 파란색이어서 고르거나, 나무젓가락의 머리 부분이 파란색이라 고르거나 기왕이면 행주도 파란색 줄무늬가 있는 걸로 고른다. 나는 파란색을 좋아한다.

#17 첩보원 놀이

실외에서 응급 상황이 발생했을 때 핸드폰 위치 추적 장치보다 더 정확한 것이 전봇대라고 한다. 전봇대에 붙어 있는 금속 표시판 위의 숫자와 글씨 안에 그 지점의 위도와 경도, 도로 번호 등등의 정보가 다 들어 있단다.

전국에 있는 전봇대 하나하나마다 고유의 이름과 번호가 있기 때문에 그것만 알고 있으면 자신이 어디 있는지 그 위치를 알릴 수 있다는 것이다. 만약 전봇대 앞에서 뭔가 위기 상황이 발생한다면 전봇대의 번호를 찍어서 112에 발송하면 된다는 것이다.

동네 개들이 전봇대마다 자신들의 체취를 남겨 위치 정보를 표시하는 것은 익히 알았지만 알고 보니, 사람도 마찬가지였던 것이다.

평소 머리에 복잡한 선들을 잔뜩 이고 있는 전봇대가 미워 보이기도 했는데, 하나하나마다 고유의 위치 정보를 품고 있었다니……. 어쩐지 전봇대가 다시 보였다. 그리고 전봇대의 위치 정보를 기록해서 암호 지도를 만들면 어떨까 하는 생각에 미쳤다. 평소 내가 좋아하

전봇대의 위치 정보를 기록해서
암호 지도를 만들면 어떨까?

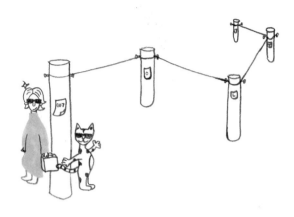

는 장소에 서 있는 전봇대의 위치 정보를 기록해서 암호 지도를 만들어놔야겠다. 친구들에게도 소식을 퍼뜨려 서로가 작성한 보물 지도들을 공유하면 '첩보원 놀이'를 할 수도 있다. 익숙한 거리인데도 전봇대만 눈에 보이니 새로운 거리를 발견하는 것 같아 신이 나기도 했다. 친구가 사는 동네에 가서 전봇대 번호를 말해주고 찾아오라고 해봐야지…….

1. 보물 지도처럼 오래된 종이나 두루마리 종이들을 사용해 지도를 만든다.

2. 어차피 암호 지도이니 친절하지 않게 그려도 된다. 그림 그리는 게 어려운 사람이라면 숫자와 영문으로 이루어진 위치 정보만 정리해도 된다. 자신에게 편한 도구를 사용해 마음 내키는 대로 만들어보자.

일요일 낮이면 어쩐지 짜장 라면을 먹어야 할 듯한 기분이 든다. 더불어 떠오르는 것은 정오쯤 TV에서 해주던 외화들이다.

일요일이라는 느낌이 더해져서인지 요즘의 선명한 영화들과는 다른 아득한 느낌으로 기억되는 영화들······.

그중 한 장의 그림처럼 장면들이 떠오르는 영화들이 있는데 〈스모크〉라는 영화가 그렇다.

줄거리는 기억나지 않지만 영화 말미에 담배 가게 주인 아저씨가 찍은 사진들을 보여주는 장면만은 선명하게 기억한다.

사진들은 담배 가게를 하는 아저씨가 십 년이 넘는 기간 동안 매일 아침 같은 시간, 같은 장소에서 찍은 사천 장이 넘는 흑백 사진들이다.

같은 공간을 같은 시간에 찍은 사진들인지라 얼핏 보면 비슷한 것 같지만, 그 속에는 어제와 같을 수 없는 오늘이 담겨 있었다.

매일 아침의 빛이 다르고, 빛이 만들어내는 공간이 다르고, 지나가는 사람들이 다르고, 계절마저 다른 사진들……. 그런데 어쩐지 그 순간에 지나가는 사람들의 기분까지 보이는 사진들…….

신기하게도 작은 것을 집중해서 바라보고 있으면 작은 움직임들이 크게 보이는 것 같다.

동네 뒷산에 오르면 주로 매크로렌즈를 사용해 작은 식물들을 찍는다. 그러면 눈으로는 볼 수 없는 잎을 먹는 잎벌레들의 움직임을 보게 되거나, 씨앗이 터지는 순간을 만나거나, 줄기에 난 작은 솜털이 바람에 흔들리는 것을 보는 경험들을 하게 되는데 그것은 렌즈의 포커스를, 나의 시야를 작은 공간에 집중해서인 것 같다. 시야가 제한된 만큼 더욱 집중하게 되고, 그러다 보니 놀라운 순간들을 확률적으로 더 자주 만나게 되는 것은 아닐까?

그렇게 같은 이치로 아주 소소한 일상들에 포커스를 맞춰 바라보면,
그 안에 숨은 무언가를 더욱 쉽게 만날 수 있지 않을까?

그래서 나는 집 안에서 나의 시야를 집중해서 보고 싶은 곳을 정하
고, 시간을 들여 바라보는 작업을 해보기로 했다.

같은 공간,
같은 대상,
그러나 어제와 같을 수 없는 오늘의 풍경…….

1. 발 사이즈에 맞는 종이를 선택하고 발 모양에 맞도록 오린다.

2. 정한 위치에 오려진 발 모양을 고정한다.

3. 발 모양이 있는 위치에 서서 같은 시간에 매일 아침 사진을 찍거나 그림을 그린다.

   * 시트지나 조금 두꺼운 색지를 사용하면 보기에도 좋다.

   * 한 번 위치를 정하면 끝까지 그 자리에서 찍어야 하기 때문에 바라보고 싶은 장소를 정할 때는 신중해야 한다.

#19 작정하고 오타쿠 되기

언젠가부터 '오타쿠'라는 말을 종종 듣곤 했다. 이 단어는 초기에는 일본 애니메이션이나 게임 같은 특정 분야에 빠져 다른 분야에는 관심이 없는 사람들을 지칭하는 말로 부정적인 성격이 강했는데, 요즘에는 점차 한 분야에 열중하는 사람들을 이르는 말로 확대해서 쓰이고 있다. 자신이 좋아하는 한 가지 분야에 빠져 전문가보다 더 전문가가 되어버리는 경지. 이 얼마나 근사하단 말인가? 무척 좋아하거나 푹 빠질 수 있는 분야가 있다는 것은 어쩌면 비상구 하나를 옆구리에 끼고 다니는 것과 같은 것일지도 모른다. 다른 이에게 피해 주지 않고 내가 좋아하는 것들을 찾아 한다는데 무엇이 문제란 말인가? 난 기꺼이 오타쿠가 되겠다. 옆구리에 늘 비상구 하나를 품고 있는 격이라면 한 번 작정하고 계획적으로 오타쿠가 되어보는 것은 어떨까?

그동안 오타쿠가 되어보고 싶었으나 주변의 눈치를 보느라, 또는 나 스스로도 계기를 찾지 못해 그냥 지나치곤 했다면 계획을 세우고 주변에서 그냥 지나치던 사물들에 눈길을 주는 연습을 해보는 것이다.

그냥 마음속으로만 좋아하다가 잊어버리면 안 된다. 내가 좋아하는
것들을 주변에 많이 노출시켜야 한다. 평소에 무엇에 관심이 있었는
지 모르겠다면 지금 내가 있는 공간을 찬찬히 둘러보는 일부터 시작
하자. 지금 내가 앉아 있는 책상을 둘러보니 수첩 위에 놓여 있던 연
필 한 자루가 눈에 들어왔다. 연필 끝에 지우개가 달린 노란색 HB
연필이다. 연필을 한참 살펴보니, HB란 글씨가 눈에 들어왔다. 문구
점에 가서 한 단계 연한 강도의 H 연필과, 한 단계 진한 강도의 B연
필을 한 자루 사왔다.

종이를 펴고 연필의 이름과 정보, 연필이 종이에 닿을 때의 느낌을
간단하게 적었다. 그렇게 하고 나니 연필이 전에 알던 그냥 연필이

아니었다. 연필이 종이에 닿을 때마다 사각거리는 소리가 메아리처럼 크게 들리더니 소머즈라도 된 듯이 귀가 열렸다. 색의 진한 정도에 따라, 브랜드에 따라, 종이에 따라, 그때그때 너무나도 다른 연필이 되었다. 그때 이후 나는 시내에 나가게 되면 으레 문구점에 들러 연필 한 자루씩을 사오는 습관이 생겼다. 연필의 종류가 늘어가면서 어느 연필이 나와 가장 맞는지도 자연스럽게 알게 되었다. 그런 단계를 거친 후, 어느 날엔가는 연필 끝에 매달려 있는 지우개에 눈길이 가게 되었다.

이번엔 지우개에 빠지게 된 것이다. 특이한 모양의 지우개, 다양한 그림이 그려진 지우개를 찾아서 모으게 된 것이다. 그러던 어느 날

나는 마치 운명처럼 특정 브랜드의 지우개에 빠지게 되었고, 그 이후로는 그 브랜드의 지우개를 모으기 시작했다.

내 마음을 빼앗은 지우개 브랜드는 스페인산이었는데, 어떤 이유에서인지 점점 문구점에서 찾기가 힘들어졌다. 그래서 나는 답답한 마음까지 들어 그 회사 홈페이지에 들어가 지우개 종류를 찾아보기에 이르렀다. 그러다가 결국 쉽게 구할 수 있는 지우개 위에 그 회사 홈페이지에서 본 지우개의 그림을 따라 그리기도 했다. 한참 동안을 그렇게 지우개에 집중하다가 지금은 지우개에 그림을 그릴 때 사용한 잉크병 모으기에 빠져 있다.

이렇듯 오타쿠의 대상은 삶의 곳곳에 숨어 있다. 한 번 옷에 흙이 묻으면 그다음부터는 신경 안 쓰고 막 걷게 되는 것처럼 오타쿠의 대상도 처음에 빠지기 어려워서 그렇지 일단 한 번 그 세계에 빠지고 나면 그다음부터는 일사천리로 진행된다. 또다시 무엇으로 어떻게 그 세계가 이동할지는 아무도 모르는 일이다.

1. 평소 관심이 가던 것 중에서 가장 마음에 드는 것 하나를 선택한다(고심하지 않고서도 바로 시작할 수 있는 것, 가벼운 마음으로 시작할 수 있는 것을 기준으로 한다. 내가 좋아하는 것이면 무엇이든 좋다. 예를 들어 아침마다 먹는 요구르트 뚜껑, 커피숍의 냅킨이나 빨대, 자주 먹는 과자나 사탕의 포장지, 샤프, 볼펜, 은행이나 병원의 대기표, 차표 등).

2. 자신만의 속도대로 정해진 대상을 하나둘 모으거나 관련된 정보를 수집한다(일정한 장소를 만들어두고, 거기에 차곡차곡 모아나가면서 컬렉션이 늘어가는 것을 눈으로 확인하면 효과적이다).

3. 어느 정도 자신만의 컬렉션이 완성되면, 곧 그것에서 가지를 쳐서 나온 제2의 대상이 떠오를 것이다(이렇게 하나하나 컬렉션이 늘다 보면 주변의 사소한 사물을 바라보는 내 눈빛도 달라져 있을 것이다).

#20 풀이름 불러주기

도시에 살고 있긴 하지만 내가 있는 곳 어디에서든지 고개를 돌리면 초록빛 식물들과 쉽게 마주칠 수가 있다. 머무는 환경에 따라 차이는 있겠지만, 생각해보면 지금까지 살아오면서 주변에 식물이 없었던 적이 있었나? 책상 위의 작은 화분 하나, 매일 다니는 동네 길가의 가로수, 발아래 아스팔트 틈 사이에서 자라난 작은 식물들, 건물 앞의 화단, 베란다에서 보는 앞산의 나무들……. 흙이 있는 곳이면 어느 곳에서라도 초록과 함께하고 있다. 그런데 신기하게도 지금까지 살면서 마주쳤던 나무와 풀들의 가짓수를 세어보면 사실 그리 많지가 않은 편이다. 손톱에 물들이는 봉선화나 진달래, 개나리 등을 떠올려보면 알 수 있듯이 엄마, 할머니, 또 할머니의 할머니가 보시던 풀들을 지금 우리도 보고 있는 것이다. 아마도 우리 주변에서 쉽게 볼 수 있는 나무와 풀의 종류가 어느 정도 한정되어 있기 때문일 것이다. 그런데 그렇게 긴 세월 동안 가까운 곳에서 함께 지내면서 그들의 이름 한 번 불러준 적이 없다면, 주변에 눈길 한 번 돌려볼 여유조차 없는 팍팍한 사람이 된 건 아닌지 스스로를 의심해볼 필요가 있다.

제비꽃, 닭의장풀, 주름잎, 괭이밥, 달맞이꽃, 나팔꽃, 개망초, 봉선화, 냉이꽃, 꽃다지, 꽃마리, 별꽃, 봄맞이꽃, 벼룩나물 등의 작은 식물들……. 벚나무, 계수나무, 튤립나무, 자작나무, 산딸나무, 참나무, 오동나무, 살구나무, 배롱나무, 회화나무, 이팝나무, 메타세쿼이아(metasequoia), 화살나무 등의 가로수들…….

이들의 이름을 한 번씩 소리 내어 불러주는 것만으로도 묘하게 기분이 달라진다. 아무리 바쁘게 산다고 하더라도 평생 옆에 존재하는 식물의 이름 하나 찾아보지 못할 정도로 여유가 없다면 우리는 주변 생물에 너무 무심했던 것인지 모른다. 제비꽃 이름 하나 안다고 달라질 게 뭐가 있느냐고 생각할 수도 있지만 그렇지가 않다. 식물도감에서 찾은 제비꽃을 길에서 직접 발견하고 이름을 한번 소리 내어 불러주면 서로 통성명한 사이가 되면서 그때부터 제비꽃과 나 사이에 관계가 형성된다. 한 번 그러고 나면 어느 곳에 가더라도 제비꽃을 만나면 자연스럽게 인사를 하게 되는데, 그러다 보면 곧 제비꽃 옆에 피어 있는 닭의장풀에도, 주름잎에도 눈길이 갈 것이다.

나의 발아래에, 내가 자주 오가는 동네의 골목길, 어떤 건물 앞 구석의 작은 틈새에, 자주 서 있는 버스 정거장 안내판 아래에, 내가 이름 부를 수 있는 제비꽃이 있다는 걸 알게 되면 왠지 나만 알아보는 어릴 때 친구를 만난 것 같아 마음이 든든해진다.

내가 의식하건 의식하지 못하건 바로 옆 어딘가에 또 다른 생명체가 살고 있다는 것, 그것도 잔바람에조차 몸 전체가 흔들릴 만큼 여린 생명체가 자신만의 생을 살기 위해 버티고 있다고 생각하면 느리고 서툴지라도 덤덤하게 앞으로 한 발자국씩 내디딜 힘을 얻게 된다.

어느 낯선 동네의 길가를 걷다가도 나와 통성명한 제비꽃 하나를 발견한다면 그 길이 주는 느낌부터 달라질 것이다. 그리고 그것이 제비꽃에서 나무로 발전한다면 어떨까? 내가 어떤 상태이든 늘 그 자리에서 나를 맞아주는 존재가 있다는 것. 늘 무심하게 지나쳤지만, 그들의 이름을 불러보면 지금까지와는 다른 특별한 느낌을 받게 될 것이다. 어쩌면 함께 길을 걷는 동료를 만난 것처럼 느껴질지도 모른다. 그리고 그것은 고개를 돌려 그들을 한 번 봐주고 짬을 내어 도감을 찾아보고, 이름을 불러주는 것에서 시작하는 걸지도 모른다.

이들의 이름을
한 번씩 소리 내어 불러주는 것만으로도
묘하게 기분이 달라진다.

1. 매일 다니는 길에서 유심히 작은 꽃이나 풀 또는 나무들을 살펴본다. 그중 유난히 마음에 드는 녀석을 만나면 사진으로 찍어둔다.

2. 다음 날 같은 길을 지나게 되면 녀석을 바라보면서 다시 사진을 찍는다.

3. 또다시 그다음 날 같은 길을 지나면서 한 번 더 녀석의 사진을 찍는다. 가능하면 일주일쯤 그런 식으로 녀석을 관찰하고 사진을 찍어본다.

4. 주말에 시간이 되면 도서관이나 서점에 들러 식물도
감이나 나무도감을 찾아본다. 가능하면 서점을 들러
마음에 드는 도감을 구입하면 더 좋다(개인적으로 추천
하는 도감은 돌베개에서 출간한 『한국의 나무』). 여력이 안
된다면 주변에 소문을 내어 찍은 사진들로 수소문해
서 녀석의 이름을 알아내고, 인터넷을 뒤져서 정보
를 입수해도 좋다.

5. 짬을 내어 한 달에 한두 번쯤은 서점에 나가 식물도
감이나 곤충도감들이 있는 코너에 가서 그동안 관찰
했던 식물이나 곤충의 이름을 작게 소리 내어 불러
보거나 수첩에 적어봐도 좋다(외국 도서 코너를 구경해
도 재미있다).

#21 신문의 착지 동작 기록하기

아침에 눈을 떴을 때, 눈에 들어오는 천장의 벽지 무늬가 유난히 선명하게 반짝거리거나, 얼굴에 닿는 이불의 감촉이 유난히 부드러워서 낯설게 느껴지는 날이 있다. 측정해보지는 않았지만 아마도 그날은 바이오리듬이 최상에 오른, 일 년에 며칠 안 되는 특별한 날일 것이다. 그런 날이면 평소엔 몸에 숨어 있었던 모든 더듬이들이 바짝 곤두세워지는 느낌이 들곤 하는데, 평소 그냥 지나쳤던 사물이나 관심도 없었던 일상적인 것에까지도 모든 정신을 쏟게 된다. 그런 날 아침이면 나는 마치 다리가 처음으로 생긴 사람처럼 아주 조심스럽게 침대에서 발을 내리고 발끝에 온 정신을 집중해서 한 발자국씩 발을 내디디며 하루를 시작한다. 매일 무의식적으로 반복했던 행동에도 정신을 집중하면서 어떤 의미를 찾으려는 듯 신중해진다.

한번은 그런 느낌이 드는 날, 현관문 앞에 서서 문고리를 잡았을 때, 문득 건너편에 놓여 있는 신문의 모습이 궁금하다는 생각이 들었다. 마치 문 앞에 서 있을 누군가의 얼굴을 상상하는 마음이었다고나 할

부드럽게 땅에 착 붙은 낮은 자세에서
나를 바라보는 날.

까……. 평소에는 아무 생각 없이 현관문을 열고 신문을 들고 왔을 텐데 그날따라 신문이 마치 나를 찾아온 친구처럼 느껴졌던 것이다. 신문의 착지 동작을 사진으로 기록하는 작업은 이때 시작되었다.

그날 이후, 나는 매일 아침 나를 찾아오는 신문을 맞이할 마음으로 잠에서 깨어났다. 그리고 하루 일과를 문 앞에 놓여 있는 신문의 모습을 상상하면서 시작했다. 부드럽게 땅에 착 붙은 낮은 자세에서 나를 바라보는 날, 곱게 접힌 채로 문 바로 앞에 누워 있는 날, 저 먼 발치에 누워 있는 날, 비닐 옷을 입고 선 채로 있는 날……. 또 어떤 날 신문은 열리는 문에 따라 같이 열리며 장난을 걸기도 했다. 그냥 흘려보냈던 소소한 순간에도 눈길을 주고 시간을 들여 바라보니 새로운 관계가 시작된 것이다.

잠깐이지만 이젠 손잡이를 잡고 문 건너편에 놓여 있을 신문을 상상

곱게 접힌 채로 문 바로 앞에 누워 있는 날.

하면 손가락에 작은 전율이 느껴질 정도이다. 게다가 신문이 놓여 있는 주변의 빛 색깔을 보면 그날의 날씨와 분위기까지 감지된다.

작은 설렘이지만, 이 얼마나 신비로운 관계인가.

그래서 나는 아침마다 신문을 기다린다.

저 먼발치에 누워 있는 날.

월요일

#22 나만의 루틴 동작 만들기

하나. 오른쪽 겨드랑이에 방망이를 끼고 타석에 선다.
둘. 왼쪽, 오른쪽 순으로 장갑의 팔목 부분을 조인다.
셋. 헬멧을 벗어 땀을 닦는다.
넷. 얼굴 아래에서 위쪽으로 훑듯이 헬멧을 들어 쓴다.
다섯. 자세를 잡고 방망이로 땅에 선을 긋는다.
여섯. 타석에 임한다.

상당히 번거로워 보이는 이 동작들은 어느 야구 선수가 타석에 나올 때마다 매번 취하는 자신만의 루틴 동작이라고 한다. '루틴'이란 스포츠 심리학에서 나온 용어라고 하는데, 운동선수들이 어떤 상황에서도 평상시 연습하던 때와 같은 마음가짐으로 경기에 임하기 위해 취하는 의식이나 절차를 말한다.

정신력이 필요한 종목의 운동선수일수록 더 세세하고 짜임새 있게 루틴 동작을 만든다고 한다.

추측하건대 정해놓은 동작을 의식 치르듯 행하다 보면 '몸이 기억하는 움직임에 따라 마음도 평상시와 같은 상태를 유지할 수 있다'는 논리인 듯하다. 루틴 동작을 행함으로써 평상심을 유지하는 것이 핵심인 것이다. 평상심이라 하면 '어떠한 상황에서도 동요되지 않는, 평상시와 똑같은 마음'을 말하는 것일진대……. 그렇다면 그것은 운동선수들에게만 필요한 것은 아닐 것이다. 어느 환경에서건 자신을 환기시킬 수 있는 비밀 동작이 있어, 평소 몸에 배도록 연마할 수 있다면 어쩐지 근사할 것 같다. 그래서 평상심 유지를 위한 나만의 루틴 동작을 만들어보기로 했다.

나만의 루틴 동작

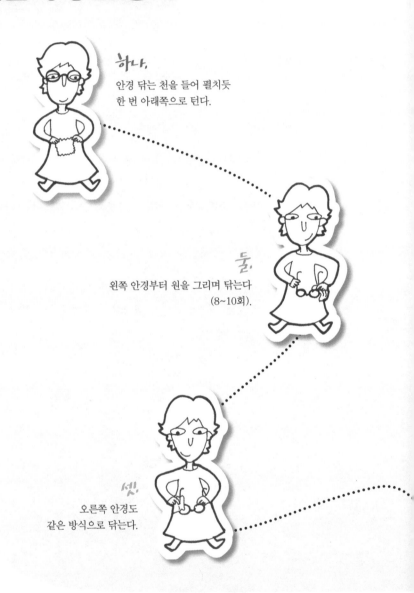

하나,
안경 닦는 천을 들어 펼치듯
한 번 아래쪽으로 턴다.

둘,
왼쪽 안경부터 원을 그리며 닦는다
(8~10회).

셋,
오른쪽 안경도
같은 방식으로 닦는다.

안경을 닦는 동안
이야기해서는
안 된다.
신중한 태도로
안경 닦는 동작을
수행한다.

여섯.

안경 가운데 연결 부분을
정리하듯 '쓱' 밀어 올려준다.

다섯.

양쪽 안경다리를 잡고 천천히 쓴다.

넷.

안경의 다리를 잡고 크게 숨을 들이쉬고
가볍게 안경의 위쪽에서 아래쪽으로
먼지를 털어내는 바람을 불어준다.

1. 자신이 생각하는 평상심이란 어떤 것인지부터 생각해
   본다(내가 생각하는 평상심이란 '너무'가 들어가지 않은 상
   태인 것 같았다. 어느 상황이건 욕심이나 억지가 들어가면 '너
   무'라는 단어가 들어가기 쉬운 것 같아서이다). 그리고 그것
   에 맞는 동작을 구상해본다.

2. 자신이 평소 의식적이든 무의식적이든 자주 하는 동
   작이 있는지 점검해본다.

3. 상황에 따른 맞춤식 루틴 동작을 구상해본다. 예를
   들어 여러 사람이 모여 있는 회의실에서 할 수 있는
   세심한 동작, 나 혼자만의 장소에서 할 수 있는 큰
   동작 등등 경우에 따라 여러 동작이 나올 수 있다.
   이런 원칙을 갖고 고민해보니 어쩌면 나는 고등학생
   일 때부터 나만의 루틴 동작을 갖고 있었을지도 모른
   다는 생각이 들었다. 늘 교복 안에 흰 면티를 입었던
   나는 그때부터 틈만 나면 면티를 걷어올려 안경을 닦
   곤 했다(길에서 우연히 마주친 고등학교 때 친구가 아직도
   그렇게 안경을 닦느냐고 물어볼 정도였다).

#23 촉감에게 위로받기

학교 다닐 때 나의 전공은 흙을 만지는 것이었다. 지금은 그림을 그리고 있어서 어쩐지 까마득하지만, '흙' 하면 가장 먼저 생각나는 것은 흙의 질감이다. 흔히들 밀가루 반죽같이 무른 흙의 질감을 떠올리겠지만, 나는 조금 다른 질감도 기억하고 있다.

그 질감은 성형된 작업의 형태와 날씨에 따라 마르는 정도가 다르긴 하지만, 일반적으로 형태를 완성한 후 하루 남짓 지났을 무렵의 질감이다. 물기가 묻어나지는 않지만 힘을 주어 손으로 누르면 흙에 자국이 나는 정도의 상태, 일명 '꾸덕꾸덕한' 상태 말이다. 커다란 조형물 같은 경우 너무 급속하게 마르면 금이 가는 현상이 일어나서 비닐로 흙을 덮어두고 천천히 말리는데 내가 좋아하는 그 상태가 되어 비닐을 벗겨보면 안에서 흙이 숨을 쉬느라 비닐 표면에 물이 송골송골 맺혀 있다. 그때 숟가락의 뒷부분으로 흙의 표면을 슬슬 문지르면 마찰에 의해 구두에 광이 나듯 표면이 반질반질한 상태가 되는데 그 표면의 질감이 내게는 맞춤이었다. 그 맛을 알게 된 후부터 대부분의 작업을 그런 방식으로 했던 것 같다.

이런 작업을 여러 번 하면서 촉감의 맛을 알게 된 나는 매끈한 것을 보면 한 번씩 쥐어보는 버릇이 생겼다. 왠지 편안해 보이는 물건은 한 번쯤 만져보는 것도 좋겠다는 생각이 들었다. 그러다 한번은 문구점에서 매끈해 보이는 지우개를 손에 쥐어보고 나도 모르게 소리를 지른 적이 있다. 내 손에 맞춤이었던 부드러운 흙덩이와 질감이 너무나 비슷했던 것이다.

그날 지우개를 사서 집으로 돌아와 침대 머리맡에 작은 주머니를 놓았다. 물론 그 속에는 비닐에 돌돌 말린 매끄러운 지우개가 들어 있었다. 그리고 어쩐지 기운이 빠지는 날이면 작은 주머니에서 지우개를 꺼내 만져보면서 편안함을 주는 것들을 생각하는 의식을 치르게 되었다.

좀 우스워 보일 수도 있는 행동이지만, 어떤 복잡한 노력 없이 촉감만으로도 지금의 기분을 환기할 수 있는 방법이 방 안에 숨어 있다니……. 그것만으로도 충분히 위로받은 느낌이 아닌가!

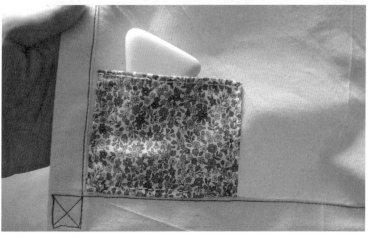

1. 평소 내가 어떤 촉감을 좋아했는지, 촉감 하면 가장 먼저 떠오르는 것을 숙지하고 그것과 같거나 비슷한 촉감을 가진 대상을 찾는다.

2. 대상을 정한 이후에는 될 수 있는 한 눈에 띄지 않는 장소, 자신만 아는 비밀 장소에 숨겨둔다(방에 처음 들어온 사람이 한눈에 알아챌 수 없는 후미진 곳을 고르면 왠지 효과가 더 좋을 것 같다).

* 바로 떠오르는 촉감이 없다면, 촉감에 대한 형용사들을 종이에 적어보고, 그걸 보면서 내가 좋아하는 촉감이 뭔지 정리해본다.

#24 두려움을 기록하는 노트 만들기

마음이 흔들거릴 때면 찾아가는 이가 있다. 찾아가서는 내 마음에 대한 직접적인 표현 없이 선문답 같은 이야기를 나누곤 하는데, 그러면 거짓말같이 마음이 편안해진다. 며칠 전 찾아가서는 대뜸 두려움이 많을 때는 어찌하시는지 물었다. 그러자 당신도 두려움이 많아 하루에 하나씩 두려움의 대상을 떠올려 뽑아보았다고 하셨다.

내가 두려워하는 것이 무엇인지 꺼내어 똑바로 바라보는 것.

그것을 하루, 이틀, 사흘, 날마다 하다 보면 그 대상에 조금은 담담해질 수 있을지도 모를 일이다. 내가 무엇을 두려워하는지 가장 잘 알고 있는 사람도 나 자신뿐이고, 두려움을 정면으로 바라볼 수 있는 사람도 나 자신뿐이다. 그래서 나도 하루에 하나씩 내 안에 있던 막연한 두려움의 대상들을 꺼내서 기록해보기로 했다.

작게는 아이스바를 씹을 때 오싹하는 느낌에서부터 크게는 마음속에 자리 잡은 근본적인 두려움까지, 그날그날 느끼는 두려움을 노트에 써보는 것이다. 그렇게 종이 위에 두려움들이 하나둘씩 차곡차곡 내가 두려워하는 것이 무엇인지 똑바로 바라보는 것.

쌓이면서, 같은 두려움이 반복되다 보면 그 강도에도 변화가 생길 것이다. 두려움이 완전히 사라지지 않는다 해도, 내가 두려워하고 있는 대상을 나 스스로가 바로 알고, 내가 두려워하는 것이 한두 번 반복되다 보면 적어도 대책 없이 두려움에 휘둘리지는 않을 것 같다.

내가 보기에 귀신이 무서운 것은 그가 누구인지 정확하게 모르기 때문인데, 두려움도 어쩐지 그것과 비슷한 거라는 생각이 든다.

1. 두려움을 기록할 비밀스러운 표지의 노트를 준비한다.

2. 노트를 펼쳐 아주 사소한 두려움을 기록하는 것부터 시작한다.

3. 날짜를 적고 그날그날 느끼는 두려움을 기록하는 일을 반복한다.

4. 노트가 꽉 차기 시작하면 그간의 기록들을 보며 내 두려움의 실체가 무엇인지 통계를 내본다.

5. 어느 정도 자신의 두려움을 보는 것에 면역이 생기면 슬슬 하나씩 그것을 넘어서는 시도를 해본다. 그리고 다시 그 노트에 두려움을 넘어서는 비법을 추가로 기록한다.

#25 내 인생의 기념일 지정하기

1954년 4월 11일이 어떤 날일까? 바로 20세기 역사상 가장 지루한 하루라고 한다. 무슨 말인고 하니 역사상 중대한 사건이나 주요 인물의 출생, 사망 소식이 없던 유일한 하루라는 것이다. 솔직히 누가 이런 것을 연구하는지, 그게 더 궁금하지만, 재미있는 통계이긴 하다. 특별한 일이 없어서 특별해진 날이라니……. 어쩌면 우리는 지금 마냥 평온하기만 한 날이 오히려 특별한 날이 되는 세상에서 살고 있는지도 모르겠다. 그나저나 역사상 가장 지루한 하루가 과연 나에게도 지루한 날이 될 수 있을까?

그날 태어난 누군가에겐 인생에서 가장 특별한 날일 테고, 다른 누군가에게는 인생을 바꿀 만큼 대단한 결심을 한 날일 수도 있고, 또 다른 누군가에게는 오랫동안 고대하던 사람을 만난 날일 수도 있을 터인데…….

사실 사람들에게 중요한 날은 역사상 의미 있는 기념일이기보다는 개인의 역사에서 중요한 날일 것이다. 매일매일이 모두 다른 날이고 다른 의미들을 품고 있을 터인데, 어떤 날이 중요하고 중요하지 않고를 헤아린다는 것 자체가 크게 의미 없는 행동인지도 모르지만, 특별히 나에게 중요한 날들을 지정해서 챙겨보는 것도 좋을 것 같았다. 내가 아니면 아무도 모를 나의 기념일. 내가 안 챙기면 누가 하겠는가? 그래서 우선 내 인생의 역사상 가장 중요한 날들을 정리해보았다. 이렇게 기회를 잡아서 몇 년 전에 몇 십 년 전에 일어난 일들, 알게 된 사람들을 되짚어보는 것에 의미를 두기로 했다. 그 당시에는 엄청난 일이라 여겼을 것들도 시간이 지나면서 희미해지게 마련인데, 문득 뒤돌아 생각해보면 그때의 그 감정을 다시 한 번 주워 담아보고 싶은 마음이 들곤 한다.

어느 순간 느꼈을 기분을 시간이 지난 어느 시점에서 다시금 떠올려보고 환기시킬 수 있다는 것이 개인적인 기념일의 포인트이다.

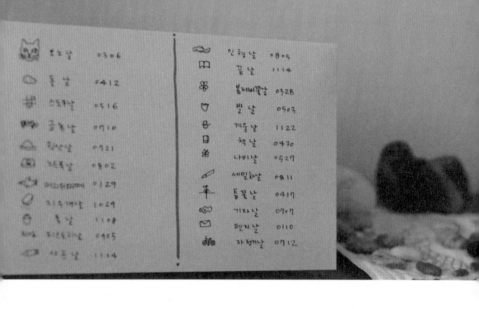

내가 아니면 아무도 모를 나의 기념일.
내가 안 챙기면 누가 하겠는가?

1. 어차피 개인적인 기념일이니 될 수 있으면 남들은 알지 못하는 나만의 사소하고 개인적인 기념일을 찾는다. 어쩐지 잊어버리기 싫은 날을 정하는 것도 좋다.
예)
2013년 5월 28일 - 맘에 드는 것을 주운 날.
돌날 - 돌 줍는 것에 빠지기 시작한 날.
무릎날 - 크게 넘어져서 무릎에 흉터를 남긴 날.
누구누구날 - 처음 누구를 만난 날.
결심날 - 나에게 커다란 의미가 있는 결심을 한 날.
노트북날 - 처음으로 노트북을 갖게 된 날.

2. 내가 정한 기념일이 되면, 단 몇 분이라도 그날의 상황이나 기분들을 눈을 감고 천천히 떠올려보고, 잠깐 그 순간으로 다녀온다.

3. 어쩐지 티를 내고 싶을 정도로 기분이 좋은 날이라면 주변 사람들에게 기념 떡이나, 연필이라도 돌린다. 물론 사람들이 무슨 날이냐고 물으면 '나만의 비밀'이라고 답한다.

4. 한 해가 시작될 때 개인적인 기념일을 따로 적어서 달력 옆에 놓아둔다.

#26 결심 띠 두르기

드라마를 보면 어른들이 머리 아픈 일이 생겼을 때, 흰색 띠를 두르고 자리에 누워 있는 장면이 자주 등장한다.

"저렇게 띠를 두르면 머리가 덜 아픈 걸까?"

그런 장면이 나올 때면 나는 늘 엄마에게 이렇게 물었고, 엄마는 띠를 두르는 것이 안 두르는 것보다는 덜 아픈 것 같다고 답하셨다. 정말 과학적인 이유가 있는 것인지 궁금해서 나는 두통이 있을 때, 내 머리에 띠를 둘러보기도 했지만, 역시 머리띠의 효과는 심리적인 요인이 큰 것 같다. 직접 머리띠를 체험하고 나서 그 심리적 효과에 대해 생각해보았다.

우선 머리에 띠를 두르면 자기 자신뿐 아니라 주변 사람들에게 "나 지금 이렇게 아픈 상태야"라는 것을 알리는 효과가 있을 것이다. 그리고 그와 함께 "내가 지금은 머리가 아프지만 곧 극복할 거야"라는 의지를 표명하는 효과도 있을 것이다.

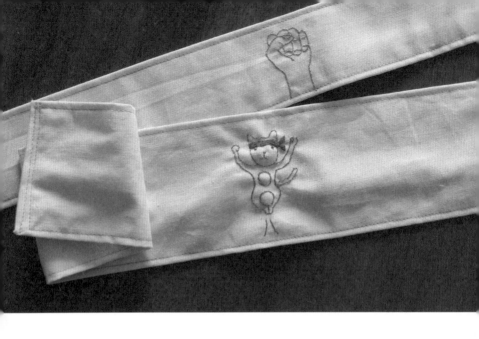

여기서 이 두 번째 효과를 다른 데 써먹을 순 없을까 하다가 '결심
띠'를 생각해냈다. 머리에 질끈 결심 띠를 묶어보는 거다. 뭔가를 다
짐하거나 어떤 결심을 해야 할 때 결심 띠를 머리에 두르면서 자신
에게 응원을 보내는 것이다. 누군가에게 보이려는 의도는
뒤로하고, '나 스스로에게 보내는 다짐'이라는 의미에
집중해서 머리띠를 만들어보았다.

뭔가에 몰입해야 할 때, 복잡한 머릿속을 잡아줄
무엇인가가 필요할 때, 내 의지로 만든 결심 띠로
스스로를 압박하는 것이다. 그러다 보면 어느새 결

심 띠는 지금 내가 하고 있는 것이 무엇인지 끊임없이 자각시켜 주는 도구가 되어준다.

띠 하나만 보면 그냥 작은 장치일 뿐이지만, 거기에 감정을 불어넣으면 주술의 효과가 더해져 부적과 같은 신비로운 물건으로 변신한다. 그렇게 결심 띠를 머리에 두르고 시간을 보내면서 나는 또 하나의 상상을 해봤다. 강아지에게 밥을 줄 때마다 종을 치면, 나중에는 종만 쳐도 달려오게 되는 원리처럼, 언젠가는 머리에 띠만 둘러도 뭔가를 결심하게 되는 경지. 나는 그 경지를 욕심내어본다.

1. 머리에 맞는 천을 준비한다(얇은 천이라 묶는 것이 가능하다면 묶어도 좋고, 두께가 있어 묶기 어렵다면 찍찍이를 준비한다).

2. 결심의 정도나, 결심의 경중에 맞춰 앞부분에 수를 놓아 다양한 용도의 머리띠를 만든다(수를 놓기 어렵다면 색에 따라 의미를 부여해도 좋다).

3. 결심을 해야 하는 지인이 있다면 제작해서 선물해도 좋다.

#27 하루에 두 번 맞는
시계 만들기

| 장면 하나 |

친구를 따라 종로에 오래된 맛집이라는 냉면 집에 들렀다. 주문을
하고 주변을 둘러보니 오래된 집이라는 것을 온몸으로 증명이라도
하듯 가게 곳곳에 시간의 흔적들이 녹아 있었다. 그중에서 어릴 적
시골집 마루에서 봤던 것 같은 괘종시계가 벽 중앙에 걸려 있었는데
자꾸 시계에 눈길이 갔다. 음식을 내주시는 아주머니가 내 모습을
보셨는지 "그래 봬도 하루에 두 번 맞는 시계지요"라며 무심히 냉면
을 잘라주셨다.

'하루에 두 번만 맞는 시계라니……'

그냥 지나칠 수도 있었는데 능숙한 손놀림으로 냉면을 자르면서 무
심코 던진 그 한 마디가 내 마음에 콕 와 닿았다.

| 장면 둘 |

오랜만에 친구를 만났는데 팔목에 특이한 시계를 차고 있었다. 자세

히 보니 시곗줄, 시계 알, 시곗바늘 등등 시계 전체가 천으로 되어 있었다. 라오스 여행 중 시장에서 사온 시계라고 했다.

이것이 바로 냉면 집에서 봤던 '하루에 두 번 맞는' 괘종시계의 손목시계 버전이 아닌가.

| 장면 셋 |
아침을 먹으며 듣는 라디오방송에서 책의 한 구절을 읽어주었다.

'하루 한 번쯤은 사람들이 대수롭지 않다고 여기는 행동들을 해보세요.'

보통 때 같았으면 '나야 이미 그렇게 살고 있다니까요'라고 구시렁거리며 그냥 지나쳤을 텐데 그날따라 왠지 그 말을 실행에 옮기고 싶다는 생각이 들었다.

이 세 가지 장면이 몇 주의 시차로 연출되는 사이, 내 마음속에서는 이미 '시계!'라는 외침 소리가 들렸다. 지금 같은 시대에 천 시계가 웬 말인가 하겠지만, 어쩌면 지금 같은 시대라 더 천 시계가 실용적일지도 모른다. 어차피 휴대폰이 쉬지 않고 시간을 알려줄 텐데, 왜 손목에까지 시계를 차야 하는가. 이런 시대이기에 더더욱 자신만의 소리를 내는 시계가 필요한지도 모른다. 매분 매초를 대수롭지 않게 넘기는 고집 있는 천 시계 말이다.

그렇다면 천 시계가 가리키는 시간도 그런 시간으로 만들면 어떨까. 나는 무슨 일을 하고 있었던 간에 시계가 가리키는 시간이 되면 모든 것을 멈추고 대수롭지 않은 일을 하기로 했다. 그러니 천 시계는 대수롭지 않은 시간을 알려주는 알람이다.

나는 무슨 일을 하고 있었던 간에
시계가 가리키는 시간이 되면
모든 것을 멈추고 대수롭지 않은 일을 하기로 했다.

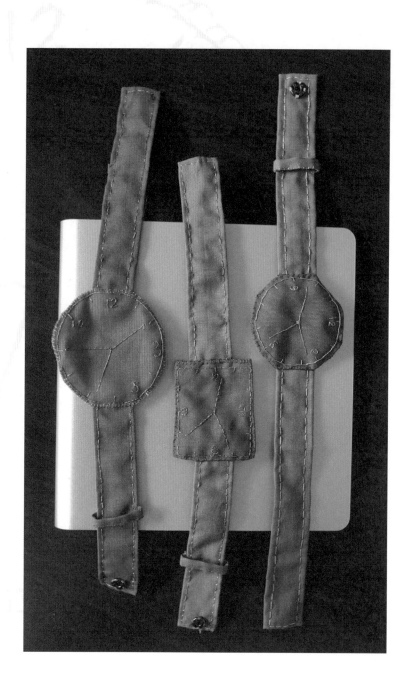

1. 원하는 색깔의 천을 선택한다(될 수 있으면 수놓기 좋은 천을 선택한다. 바늘을 수놓을 부분의 색은 단색으로 하는 편이 좋다).

2. 시곗줄은 천으로 해도 되지만 만약 실이 편하면 실을 꽈서 연결하고, 똑딱단추나 찍찍이를 사용해도 좋다.

3. 시계의 핵심은 시곗바늘이 가리키는 시간에 있으니, 시간의 선택을 신중하게 한다.

#28 '손때' 기록하기

일반적으로 처음과 마지막이라는 의미가 더해지면 특별하게 여겨지
곤 한다. 공책을 처음 쓰는 순간, 자전거를 처음 타고 달린 날, 새 신
발을 처음 신은 날, 올해의 마지막 날 등이 그렇다. 심지어는 과자를
먹을 때 봉지 안에 남은 마지막 과자마저 특별해 보인다.

그렇다면 처음과 마지막 사이에 무수히 존재하는 시간들은 그저 그
특별한 시간들을 위해 있는 시간이라고 여겨도 좋을까? 오히려 몸을
부대끼며 관계를 만들어나가는 것은 그 수많은 중간 시간 동안일 텐
데, 이 시간을 더 눈여겨보고 기념해줘야 하는 것은 아닐까.

그래서 나는 중간 과정들을 바라보기로 했다.

우선 내가 선택한 중간의 시간에 '손때'라는 이름을 붙여보았다.

'서로에게 가는 길이 나게 하는 시간, 그 길에 윤이 나게 하는 시간,
공통의 이야기들이 하나둘 쌓이는 시간'쯤이라고 하면 좋겠다. 물론
여기서 말하는 '서로'는 꼭 사람과 사람 사이를 말하는 것이 아니라

일이나 사물 등 나와 관계 맺는 모든 것들에 적용된다. 이 '손때'라는 것은 처음이나 마지막처럼 명확하게 구분할 수 있는 것이 아니라서 '나만의 느낌'이 가장 중요한 기준이 되어준다.

손때의 순간은 나와 상대가 아니면 알아차릴 수 없다. 소소한 예를 들자면, 언제부터인가 아침에 커피와 함께 아몬드를 먹을 때 손으로 한 움큼 쥐어 그때 손에 잡히는 양의 아몬드만을 먹는 것이 습관이 되었다. 그런데 그 시간 사이에도 '손때'가 생겼다. 손에 잡히는 아몬드의 수가 열일곱 개인 것이다. 그러니까 아몬드와 나 사이의 '손때'는 아몬드가 몇 개나 잡히는지 세어본 바로 그날이 되는 것이다.

그날 이후 손에 아몬드가 열일곱 개 들어오는 날이면 그때마다 '손때'라고 외치게 됐다. 그런 순간은 어릴 때 하던 '쌀 보리 놀이'의 주먹처럼 순간적으로 왔다 나가버리기 때문에 면밀하게 관찰을 해야 한다. 마치 '손에 착 달라붙는다'는 표현이 현실화될 때, 즉 대상과 내가 구분이 없는 것처럼 느껴지는 순간, 그때가 바로 '손때'이다. 그 순간을 찾는 것이 어렵다면 우선 옷이나 신발, 가방 같은 물건들

이 아무런 불편 없이 잘 사용되는 시점을 찾는 것부터 연습을 하면
된다. 그 순간을 포착하기 시작하면 점차 주변의 사물들을 바라보는
눈이 달라질지도 모를 일이다.

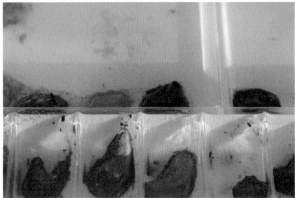

대상과 내가
구분이
없는 것처럼
느껴지는 순간,
그때가 바로
'손때'이다.

1. 내가 오래 머물러 있는 공간에서 주변을 한번 천천히 돌아본다.

2. 사람이나 사물과 함께하는 순간에 내가 의식하지 않아도 자동으로 움직이는 느낌이 드는 순간이나, 큰 힘을 들이지 않고서도 일을 행할 수 있는 순간이 느껴지면 그 순간을 '손때'라고 기록한다.

3. 눈에 보이는 기록을 남기고 싶다면 그 순간을 테이프나 메모지로 표시하거나 붙여둔다.

   * 사물인 경우: 손때의 시간을 기록해서 테이프로 붙여둔다.

   * 사람인 경우: 메모지를 발행해주거나, 그 순간의 느낌을 적은 메모지를 모아둔다.

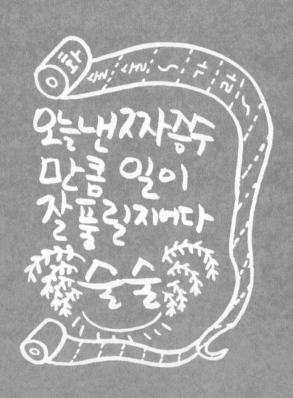

화요일

#29 걱정 인형에게
모든 걸 털어놓기

고등학교 때 친구 녀석이 알록달록한 작은 주머니 속에서 실로 만든 손톱만 한 크기의 인형을 꺼내서 보여준 적이 있다. 친구에게 들은 바로는 이런저런 걱정 때문에 잠이 오지 않을 때, 그 작은 인형에게 고민을 털어놓고 머리맡에 두고 잠들면, 인형이 걱정을 대신 해준다는 것이다. 그때 나는 작은 인형이 주는 주술의 힘에 매혹되었고, 오랫동안 그 신비로운 이야기는 내 머릿속에 남아 있었다.

그러다 몇 해 전 디자인 문구류 매장에서 걱정 인형이란 이름으로 진열돼 있는 녀석들을 다시 만났다. 반가운 마음에 인터넷 검색을 해봤더니 걱정 인형은 과테말라 원주민들에게서 유래했다고 하는데, 아이들이 인형에게 걱정거리를 말하고 머리맡에 두고 자면 엄마가 밤에 몰래 인형을 불태워버리고, 아침에 일어나 걱정거리가 다 사라졌다고 아이에게 말해줬다는 것이다.

걱정을 대신 들어준다는 작은 인형들……. 그러고 보니 극소심주의자인 내게는 필수품이 아닐까 싶어졌다. 걱정 인형의 구성원들을 봐도 비밀 결사대 느낌이 나는 것이 어쩐지 어떤 걱정이라도 책임지고 해결할 것만 같았다. 혼자가 아니라 가족이라 그런지 더 믿음이 갔다. 원주민들도 인형의 임무가 정신적인 것임을 감안해서 가족을 팀으로 만든 것이 아닐까? 어쨌든 즉각적인 효과가 없다 해도 일단 머릿속에 들어 있던 걱정거리를 입 밖으로 꺼낼 수 있는 것만으로도 해결이 시작될 수 있을 것만 같아, 나도 만들어보기로 했다. 내 걱정을 해결하는 중대한 임무를 가진 인형들이니 우선 목욕재계하고 한 땀, 한 땀 만들어 효험을 높여보기로 했다. 또한 가족 네 명을 만들되 두 명씩 조를 짜 돌아가면서 이교대로 걱정을 들어주는 시스템을 만들기 위해 주머니는 두 개를 만들기로 했다. 또 걱정 인형의 핵심은 알록달록한 실을 사용해 앙증맞은 크기로 만드는 것과 그들이 작은 주머니에 들어가 있는 것이니 그 점에 중점을 두기로 했다.

무슨 재료를 사용할

비밀 결사대 느낌이 나는
걱정 인형.
어쩐지 어떤 걱정이라도
책임지고 해결할 것만 같다.

지 궁리하다가 양모를 바늘로 찔러 엉키게 만들어 형태를 만드는 니들 펠트에 도전해보기로 했다. 고맙게도 시대가 시대인지라 인터넷에 다양한 니들 펠트 관련 동영상 강좌들이 있어서 처음이지만 어렵지 않게 시도할 수 있을 것 같았다. 주머니는 털실과 코바늘을 사용해서 만들었다.

1. 손으로 하는 작업의 보고(寶庫), 동대문 종합상가를 찾아가 색색의 양모들이 진열되어 있는 가게에 들러 기본적인 니들 펠트 재료를 구비하면 된다(원하는 색의 양모 뭉치, 양모 뭉치를 뭉칠 때 쓰는 바늘 두 개, 스펀지, 인형 눈으로 쓸 작은 단추 등. 사실 가게 주인에게 니들 펠트 초보라고 말하면 꼭 필요한 재료를 알아서 챙겨준다).

2. 어차피 이것은 내가 좋아서 만드는 것이므로 정해진 대로 해야 한다는 생각은 버리고 편안한 마음으로 임하면 된다.

3. 완성된 걱정 인형에게 모든 걱정을 털어놓고 머리맡에 두고 잠든다.

4. 이도 저도 다 귀찮고 만들기도 싫다면 인터넷으로 걱정 인형을 구입해서 모든 걱정을 털어놓고 머리맡에 두고 잠든다.

5. 주술의 효과를 봤다면 주변에 알리고 걱정이 많은 누군가에게도 선물해본다.

#30 엉뚱한 단추로 바꿔 달기

제주도의 돌벽이 모진 바람에도 끄떡없이 버틸 수 있는 것은 돌들 사이에 난 틈 때문이라는 말을 들은 적이 있다. 너무 확대해석하는 것인지도 모르지만, 사람의 매력도 어딘가에 난 틈에서 나오는 것일지도 모른다는 생각을 했다. 그것이 '인간미'일 수도 있겠다고…….

언젠가 늘 빈틈이 없던 친구 녀석이 입고 온 외투 끝자락의 마지막 단추가 떨어진 채 비어 있는 것을 발견하고, 녀석에게도 드디어 틈을 발견했다고 반가워하며 갖고 있던 비슷한 크기의 단추를 꺼내어 달아준 적이 있다. 물론 그 옷에 맞는 단추가 아니었다. 그런데 단추를 달고 나서 친구의 모습을 다시 보니 외투에 원래 붙어 있던 단추들은 보이지 않고 새로 단 그 단추가 유난스레 반짝이는 것이 아닌가? 게다가 원래 그 자리에 있던 것처럼 잘 어울렸다. 그리고 그날부터 친구는 내 머릿속에 '인간미가 장착된' 빈틈없는 친구로 기억되었다. 며칠 전 늘 다니는 동네 길목에서 반짝이는 초록색 단추 하나를 주웠다. 멀리서도 커다랗게 확대되어 보이는 작은 단추를 엄지와 검지를 세워 집어 드는 순간, 나는 그 친구에게 달아줬던 '엉뚱한' 단추를 떠올렸다. 그러고는 내 옷에 달려 있는 같은 무늬의 단추들을 내려다보자 어쩐지 답답하다는 느낌이 들었다.

'나도 한번 단추를 바꿔 달아볼까······.'

그러나 이 간단한 생각을 행동으로 옮기는 데에는 용기가 필요했다. 손톱만 한 작은 단추 하나 바꿔 다는 것에도 용기 운운하는 것이 우습기도 하지만, 진정 결단이 필요했다. 심호흡을 크게 한 번 하고 나서 우선 옷에서 잘 떨어지지도 않는 단추를 일부러 떼어냈다. 그리고 준비한 엉뚱한 단추를 그 빈 자리에 달아보았다.

그러자 처음 단추를 떼어낼 때의 소심함은 어느덧 사라지고 예상치 못했던 자유로움이 나를 채웠다. 그렇게 단추를 바꿔 단 이후로 나의 옷들은 점점 엉뚱한 단추가 하나둘 달려 있는 상태로 변신하고 있다. 또한 길을 걸을 때면 단추를 찾아 저절로 바닥을 살피게 되고, 하나둘 길에 떨어져 있는 단추를 주워오게 되었다.

뭐 눈에는 뭐만 보인다더니······.

단추에 정신을 집중하다 보
니 놀랍게도 여기저기서 단
추들이 눈에 띈다. 사람들 옷
에 달려 있는 단추, 길에 떨어져 있는 단추, 가게에서 파는 단추…….
이후에 나는 동대문에 나갈 때면 자연스레 단추 가게에 들러 맘에
드는 단추를 하나둘씩 사서 집으로 돌아오게 되었다. 그러다 보니
집에는 온갖 종류의 단추들이 쌓여갔고, 나는 사람들의 옷을 볼 때
마다 자연스럽게 바꿔 달아주고 싶은 단추를 상상하게 되었다. 단추
같은 작은 것들에 눈길을 주고 의미를 두는 것만으로도 충분히 비밀
스럽게 즐거워질 수 있다. 그러고 나서 주위를 둘러보니 평범한 것
은 아무것도 없는 것 같다.

1. 회사 내에 혹은 가족 중에 내가 좋아하는 사람의 옷을 주의 깊게 관찰한다.

2. 그 사람이 자리를 비웠을 때 몰래 엉뚱한 단추로 바꿔 달아놓는다(만약 나를 의심하면 시치미를 뗀다).

3. 단추 모으기, 단추 몰래 바꿔 달아놓기의 단계를 지나면 어느 순간 단추를 만들고 싶은 단계가 오게 된다.

4. 그때는 무작정 단추를 만들어보면 된다.

5. 마음에 드는 천을 고르고 단추를 그 천으로 싸듯이 바느질해서 새로운 단추를 만들어본다.

6. 빈 단추에 지워지지 않는 가는 유성 펜을 이용해 그림을 그려서 새로운 단추를 만들어본다.

7. 어차피 직업으로 삼을 일이 아니므로 우선 무작정 시작해보는 것이 중요하다.

#31 매일매일 소원에 에너지 보내기

아침 신문을 넘기다가 신문 한 면을 가득 채운 오로라 사진과 마주 쳤다.

검은 하늘에 연기가 피어오르는 형상으로 퍼져 있는 여러 가지 빛의 오로라를 아침 무방비 상태에서 마주하고는 한동안 멍해져 있었다. 별안간 나는 커다랗게 신문지를 펼쳐두고 그 위에 올라앉아서 오로 라의 빛을 따라서 그리기 시작했다.

오로라를 보러 가고 싶다고 생각한 것은 7~8년쯤 전에 오로라를 보 는 생생한 꿈을 꾸고 난 뒤였다. 난 평소 어딘가에 뭔가를 보러 간다 는 생각을 잘 하지 않는다. 그 시간에 차라리 현재 주어진 것을 바라 보고 그 안에서 즐거움을 찾는 편이다. 주변에 여행을 다녀오는 친 구들을 보면서도 그저 언젠가 때가 되면 나도 자연스럽게 떠나게 되 겠지 하고 막연하게 생각하곤 했다.

그런데 언제부터인가 문득문득 오로라를 보러 가는 경로를 탐색하 기도 하고, 오로라가 많이 보이는 시기에 대해 알아보기도 하고, 어

떻게 사진을 찍는지 연구해보기도 하고, 오로라에 관한 각종 동영상
을 찾아보는 나를 발견했다.

'오로라를 직접 보고 싶다!'

내 안 깊숙한 곳에 숨어 있던 이 말을 끄집어내어 혼자 크게 중얼거
렸다. 그리고 내가 그린 오로라 그림을 책상 앞에 가장 잘 보이는 곳
에 붙였다. 또 방구석 어딘가에, 또는 휴대폰 사진첩 어딘가에 오로
라 사진을 넣어두고는 한 번씩 바라보며 그쪽으로 에너지를 보내는
의식을 취하게 되었다.

원하거나 좋아하는 것이 있을 때는 그것을 계속 보고, 말하고 생각
하면 그리고 노력하면, 결국은 그쪽으로 에너지가 흘러서 그것을
이루게 된다고들 한다. 신기루 같은 말이라 생각할 수도 있지만, 매
일 보고 생각하고 말하고 원하면 어찌 더 가까워지지 않을 수가 있
겠나?

그리고 내 오랜 바람을 위해 아주 작게나마 구체적 행동을 취하는 의미로 오로라라고 써붙인 저금통 하나를 준비했다. 그렇게 아이들이 돼지 저금통에 저금하듯 매일 천 원씩 넣기로 결심했다. 매일 아주 작은 걸음이라도 그쪽을 향해 걷기를 택한 거다. 매우 소극적 움직임이지만, 매일 천 원씩을 저금통 안에 넣으며 오로라를 떠올릴 것이다.

오로라뿐만 아니라 그 대상이 무엇이든 내가 좋아하는 것을 떠올리고 그것이 쌓이는 것을 볼 것이다. 그러다 결국 그것이 쌓이는 것을 보는 것에 더 집중하게 되어 주객이 전도되는 상황이 올지도 모르지만, 매일 조금씩 커다란 즐거움이 생겼으니 밑지는 장사는 아닌 셈이다. 아주 작은 걸음일지라도 한 걸음 한 걸음 가고 싶은 쪽으로 방향을 잡고 한 발 한 발 내딛는 거다.

1. 평소 가고 싶은 곳이나 하고 싶은 것이 있다면, 심사숙고 후 한 가지만 선정한다.

2. 선정한 그것이 무엇이든 그것에 대한 사진 혹은 그것을 직접 그린 그림을 생활공간에서 가장 눈에 잘 띄는 곳에 붙여둔다.

3. 눈에 잘 보이는 곳에 놓을 저금통을 하나 준비한다 (물론 저금통에 원하는 것을 써서 붙여놓는다).

4. 하루에 정해진 금액을 통에 넣는다(매일 조금씩 에너지를 보내는 마음으로……).

5. 매일 내가 원하는 것에 에너지를 보내는 의식을 취한다.

#32 손편지 쓰기

특별히 약속이 있는 날이 아니라면 매일 같은 시간대에 잠자리에 든다. 주변에선 직장을 다니지 않으니 자유롭게 살 거라고 생각들을 하지만 의외로 나의 일상은 단조롭고 또 매우 규칙적이다. 주로 잠들기 전에는 침대에 앉아 같은 주파수의 라디오를 켜두고, 원고를 정리하거나 일기를 끄적이면서 시간을 보낸다. 이 습관은 제법 오래된 것이어서 지금은 자리에 앉으면 한 십 년 전의 기억들까지 함께 떠오른다. 게다가 그런 풍경은 여러 해가 지나도 비슷한 것이어서 만약 라디오에서 옛날 노래까지 흘러나오면 이미 세월의 구분은 사라진다. 그간 난 얼마나 라디오로부터 힘을 받았던가……. 시간과 공간의 제약 없이 어떤 조건 없이 같은 시간, 상대의 상황에 대한 고려 없이도 나의 의지만으로 찾아갈 수 있는 유일한 대상.

하루 종일 누구와 말 한마디도 나누지 않은 어느 날 저녁, 라디오 DJ의 목소리에 나도 모르게 답을 하면서, 문득 그에게 인사하고 싶어 하는 나를 발견했다. 그동안 나에게 위안을 주었던 대상에게 한 번쯤 마음을 담아 보내는 일이 내게 또 다른 방식의 위안을 줄 것 같았다.

누군가가 보낸 사연에 답해주는 DJ의 말이 가슴에 사무치는 경우가
종종 있다. 혹은 아무 의미 없이 무심코 던진 DJ의 한 마디가 나에게
하는 말인 것 같을 때가 있다. 마치 우연히 라디오에서 흘러나오는
노래 가사가 다 내 이야기처럼 들릴 때가 있는 것처럼……

그렇게 느낄 때마다 나는 커다란 위로를 받곤 했는데 한 번쯤은 감
사 편지를 써도 좋을 것 같았다. 불특정 대상에게 받았던 따뜻함을
다시 불특정 대상과 나누는 기회를 만들어보자. 그러기 위해 나는
손글씨로 쓴 편지를 보내기로 했다. 내가 받고 싶은 것을 보내는 것
이 포인트일 것이다. 예전에는 라디오프로에서 예쁜 엽서 뽑기 같은
것이 있었다. 듣고 싶은 음악과 함께 듣고 싶은 친구의 이름을 적어

서 나름 정성을 더해 꾸며 보내곤 했던 기억이 함께 떠올랐다. 그땐 잠이 오지 않는 밤이면 종종 엽서를 보내기도 했다. 내가 잘 모르고 나를 잘 모르는 사람에게 말을 걸고, 말을 듣는 일이 그때는 꼭 필요했다. 막상 편지를 쓰기로 하고 나서 보니 그 마음들이 되살아났고 그때처럼 정성을 들이기로 했다.

답장을 받을 거라 기대하지 않고 편지를 쓰면서도 정성을 기울이게 되는 일. 참 오랜만에 하는 것 같다.

1. 평소 듣던 라디오방송이나 좋아하는 DJ가 하는 프로그램을 정한다.

2. 친구에게 하듯 편안하게 오늘 있었던 이야기로 손편지를 작성한다.

3. 물론 라디오 하면 음악이니 신청곡과 함께 듣는 사람을 선정해둔다.

4. 기왕이면 말린 꽃이나 마음에 드는 사진 등의 작은 소품들을 함께 보내는 것이 좋다.

#33 주문을 외는
노래 부르기

주말 낮에 켜놓은 TV에서 백 살에 가까운 연세에도 건강하게 생활하시는 할머니의 장수 비결에 대해 알아보는 프로그램이 흘러나오고 있었다. 처음엔 그냥 멀리서 다른 일을 하며 소리만 듣고 있었는데, 방송 내내 배경음악처럼 할머니의 타령 같은 노랫소리가 계속 들려서 〈우리의 소리를 찾아서〉 같은 방송인 줄 알았다.

그런데 조금 뒤 TV 화면을 다시 보니 집 곳곳에 설치된 관찰 카메라를 통해 할머니의 일거수일투족이 고스란히 방영되고 있었다.

배경음악처럼 들리던 타령 소리는 할머니가 일상 속에서 모든 행동을 하시면서 끊임없이 흥얼거리는 노랫소리였다. 스스로에게 보내는 응원가 같은 것이라고나 할까. 그런데 그 소리를 계속 듣고 있노라면 어쩐지 편안한 마음이 절로 들어 잠이 올 것만 같았다. 아마도 그 노래가 할머니의 장수 비결 같았다. 어떤 일을 하든지 입으로 음을 흥얼거릴 수 있는 마음의 여유.

할머니의 레퍼토리 역시 다양했는데 그중 밭을 매면서 부르시던 타

령은 담담하다 못해 처연하기까지 했다. 자막을 보니 '태평가'라고
했다.

귀에 착착 붙는 멜로디와 어디선가 많이 들어본 듯한 가사…… 궁
금해서 찾아보았다.

"짜증은 내어서 무엇하나, 성화는 받치어 무엇하나, 속상한 일이 하
도 많으니 울기도 하면서 살아가세. 니나노 닐리리야 닐리리야 얼싸
좋다 얼씨구나 좋다……"

할머니의 목소리로 듣는 이 노래는 어떤 위로의 노래보다도 더 커다
란 울림을 주었다. 사실 여기서 '울기도 하면서'는 원래 '놀기도 하면
서'였는데, 왠지 나는 '울기도 하면서'가 더 멋지게 들려서 내 맘대로
바꿔 들었다.
굳이 장수의 비법까진 아니라 해도 의식하지 않은 사이에 저절로 흘
러나오는 나만의 노래. 그런 노래가 마치 주문을 외는 것 같은 타령
이면 좋을 것 같았다. 꼭 정해진 음이 있어야 한다는 게 중요한 게 아

~♪ 짜증은 내어서 무엇하나 ~ 니나노 ~

니라, 자신에게 주는 응원의 메시지를 주문처
럼 외는 게 중요하다. 그래서 멜로디보다는 가
사에 집중해서 잘 만들어야 할 것 같은데, 아직
은 내공이 부족해서 평소 좋아하는 몇몇 노래의 부분 부분들을 따와
서 하나의 노래처럼 이어 부르는 방법을 택해보았다. 좀 더 익숙해
지면 좋아하는 책의 구절이나 글귀들을 이어 불러보는 것도 좋을 것
같다. 더불어 어떤 상황이 닥쳐도 저절로 음을 흥얼거릴 수 있는 마
음의 여유도 따라온다면 좋겠다.

"짜증은 내어서 무엇하나,
성화는 받치어 무엇하나,
속상한 일이 하도 많으니
울기도 하면서 살아가세.
니나노 닐리리야 닐리리야
얼싸 좋다 얼씨구나 좋다……

태평가
짜증을 내어서 무엇하나, 성화를 받치어 무엇하나,
속상한 일이 하도 많으니 울기도 하면서 살아가세.
니나노 닐리리야 닐리리야 얼싸좋다, 얼씨구나 좋다.
벌나비 이리저리 넘놀 적에 꽃과 나 놀아든다.

노들강변
노들강변 봄버들 휘늘어진 가지에다 무정세월
한허리를 칭칭 동여서 매어나볼까
에헤야 봄버들도 못믿으리로다 흐르는 저기 저 물만
흘러서 가노라
노들강변 백사장 모래마다 밟고가곤 말고 님상 비바람
맵다인나 지나 갔나
에헤야 백사장도 못믿으리로다 푸르는 저기 저 물만
흘러서 가노라.

1. 주변 어른들에게 많이 듣던 타령이 있다면 그것을 사용한다. 음은 유지하고 그때그때 상황에 맞춰 가사만 바꿔본다. 이 놀이에 정답이 있는 것은 아니니까…….

2. 머릿속에 타령의 음률이 떠오르지 않는다면 평소 좋아하는 노래의 부분 부분을 이어서 힘을 빼고 불러본다.

3. 떠오르는 음률은 있는데 익숙하지 않다면 입에 익을 때까지 반복해서 불러본다(원주민의 자장가나 다른 타령들을 찾아서 들어보고 참고할 수도 있다).

#34 지우개 타투 놀이

버스 옆자리에 교복을 입은 여학생이 앉아 있었다. 흘깃 쳐다보니, 손바닥에 깨알 같은 글씨가 적혀 있었는데 이미 땀에 번졌는지 알아보기가 어려웠다.

'맞다! 어릴 때 종이가 없으면 손바닥에 글을 쓰기도 하고, 장난삼아 친구들 손이나 팔뚝에 그림을 그리곤 했었지!'

그리고 생각난 건 운동회 때 손목에 찍어주던 도장이었다. 결승점으로 숨이 턱까지 찬 채로 들어갔을 때 선생님이 손목에 꽝 하고 박아주던 도장. 요즘은 스티커로 된 타투들도 많고, 몸에 직접 문신을 하는 경우도 많아졌지만, 나는 역시 비오면 지워지는 낙서 같은 그림들이 취향인가 보다. 버스 옆자리 여학생의 손바닥 위에 번진 글씨를 무심히 지켜보다가 친구들의 손등에 그렸던 낙서 같은 그림들을 떠올렸다.

집에 돌아오니 책상 위에 있던 지우개가 먼저 눈에 띄었다.

'맞다. 지우개 도장!'

그래서 가벼운 마음으로도 시도해볼 수 있는 지우개 도장부터 시도
해보았다. 재미있게도 도장을 찍는 행위 자체가 주는 즐거움이 있는
것 같다. 일단 지우개 도장 하나를 완성해보니 주변 어디든 찍을 수
있는 곳은 모두 찍고 싶은 마음까지 들었다. 아이들이 도장을 하나
손에 넣으면 왜 사방에 찍고 싶어 하는지 저절로 알게 되었다.

나는 이제 좀 자란 만큼 성향을 고려해 마음먹고 찾아봐야만 볼 수
있는 소극적인 타투에 도전해볼까 한다. 말이 좋아 타투이지 지워지
는 낙서 정도라고 해야 더 정확한지도 모르겠다.

내 몸에 하나씩 시도하기 시작해서, 나아가서는 친구들을 만날 때마
다 그들의 몸에 하나씩 기록을 남겨보았다. 친구들의 손목을 붙잡고
지우개 도장을 찍고 있자니, 신기하게도 내 안에 숨어 있던 어린 시
절의 장난기가 발동했다. 한 번 발현된 행동들은 마치 바이러스처럼
몸속에 잠재돼 있다가 언젠가 똑같은 상황이 되면 또다시 튀어나오

는 것만 같다. 지우개 도장 놀이를 하면서 나는 어린 시절 자주 했던 장난들을 되새김질하게 되었다. 그때는 팔뚝에 난 점들을 이용해 볼펜으로 살짝 그림을 그리는 방법을 쓰기도 했다.

지우개 도장을 만들기 시작한 후로 문구점 앞을 지날 때면 괜스레 한번 들어가 지우개가 있는 쪽을 둘러보는 습관이 생겼다. 그리고 시간이 나는 대로 틈틈이 마음에 드는 문양이나 도형들을 조각하게 되었다. 그러다 친구들을 만나면 운동회 달리기 도장 찍듯 손목 부위 여기저기에 도장을 찍고는 사진을 모아두는 새로운 재미가 하나 생겼다.

맞다!
어릴 때 종이가 없으면
손바닥에 글을 쓰기도 하고,
장난삼아
친구들 손이나 팔뚝에
그림을 그리곤 했었지!

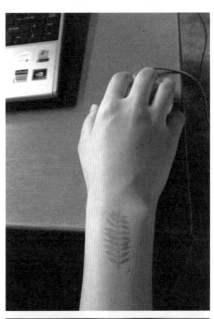

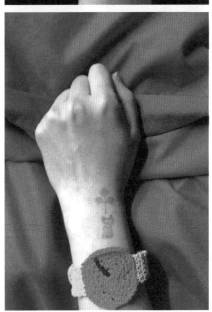

1. 지우개로 나를 나타낼 수 있는 단순화된 이니셜이나 캐릭터를 만들어본다(지우개는 조각을 해야 하기 때문에 한번 조각을 해본 후 자신에게 맞는 재질의 지우개를 사용한다).

2. 충분히 그림 연습을 한 이후, 지우개 위에 그려본다(지우개 도장을 찍을 수 있는 스탬프들은 색과 사이즈가 다양한데 문구점에 가면 살 수 있다).

3. 연필 깎는 문구용 칼로 지우개를 조각해본다. 한두 번 조각하면서 지우개에 맛을 들이고, 어느 정도 손에 익으면 다양한 시도를 해본다.

4. 친구들을 만날 때 지우개 도장을 들고 가서 특이한 타투를 해주겠다고 꼬드긴 다음 몸에 문양을 남긴다. 만약 친구가 거부할 때에는 잘 나오는 볼펜으로 작게 흔적을 남긴다.

5. 결과물을 모아서 사진을 찍어도 좋다.

#35 점토 만들기

문득문득 손이 근질거리곤 한다.

아무래도 손을 많이 쓰는 작업을 하지 않은 채
로 일정 기간이 지나면 저절로 손이 '근질근질'
신호를 보내도록 설정되어 있는 것 같다. 일단 손
이 근질거리는 시기가 되면, 그맘때 눈에 띄는 것이
바로 도전의 대상이 된다. 이번 시기에 내 눈에 들어온 것은 책장에
놓여 있던 고양이 장식품이었다. 그러자 내 마음속에는 한 단어가
떠올랐다.

'도전!'

카페에서 장식품들을 놓는 선반에 앉아 있는 동물 형상의 나무조각
들을 볼 때마다 늘 탐이 나곤 했는데 이번 기회에 손을 움직여보기
로 했다. 또 그와 동시에 몇 년 전 큰 화방에서 아이들이 흙 놀이할
때 쓰는 점토들의 종류가 예전과 달리 너무도 다양해서 궁금한 마음
에 사둔 것도 떠올랐다. 서랍을 열 때마다 그것이 눈에 밟혔는데 몇

년 만에 사용할 기회가 온 것이다.

두 대상이 만나서 어떤 새로운 뭔가가 만들어지는 것은 다 때가 있는 것만 같다. 오랫동안 곁에 있는 사물과 나의 눈빛이 맞아떨어지는 때. 그런 때가 언젠가는 오는 것 같다. 이때를 위해 점토는 몇 년 동안이나 서랍 속에서 때를 기다렸던 것이다.

마침 공방을 운영하는 선배 언니가 보내준 흙도 집에 있던 터라 나는 바로 도전을 감행할 수 있었다. 처음에 흙을 손에 묻히기까지가 어렵지, 막상 손에 흙을 주물럭거리다 보면 하다못해 만두 같은 거 하나라도 만들게 되어 있다.

흙이 손에 착 달라붙는 느낌과 틀에 박히지 않는 자유로운 느낌에
자꾸 손을 움직이게 되고 그러다 보면 뭔가 하나는 완성되어 나오게
되어 있는 것 같다. 그러니 시작이 반이라고 손에 흙을 묻힐 용기만
내면 이미 반은 성공한 것이다.

게다가 내가 도전한 대상은 작은 장식품인지라 마음은 더욱 가벼워
졌다. 만들기의 첫 시작은 기대치를 낮게 잡는 것이 핵심이다. 그래
서 나도 일단 작은 것부터 도전하는 것이다. 머리가 너무 복잡한 날,
생각을 멈추고 손을 움직이는 묘수를 써보자. 머릿속에 들어 있는
번잡한 생각들이 손가락 사이로 빠져나와 허공으로 흩어질 것이다.

오랫동안 곁에 있는 사물과 나의 눈빛이 맞아떨어지는 때.
그런 때가 언젠가는 오는 것 같다.

1. 처음 도전 대상을 작은 크기의 장식품으로 정한다 (그래도 자신이 없을 때는 도전 대상과 똑같이 만든다는 생각 으로 손을 풀어도 좋다).

2. 흙은 인터넷으로 주문 가능하고 한 덩이만 사놓아도 여러 번 만들 수 있다(백토와 황토라는 단어로 검색하면 됨). 양이 부담스럽다면 큰 화방에 가서 아이들용 점 토나 지점토를 구입해도 좋다.

3. 작업에 들어갔는데 중간에 자신이 없어질 수도 있 다. 하지만 일단 시작한 이상, 멈추지 말고 그날만큼 은 마무리까지 해본다.

4. 완성품을 선반에 올려놓았다면 잊지 말아야 할 것이 있다. 바로 머릿속에 들어 있던 복잡한 생각들이 그 안에 다 뭉쳐 있다는 사실, 바로 그것이다.

수요일

#36 바꿔치기 놀이

몇 해 전 재미난 전시를 본 적이 있다. 작가는 십 년 동안 해외를 다
니며 묵었던 숙소나 식당에서 식기들을 포함한 다양한 소품들을 몰
래 가져와서 모았다고 한다. 그렇게 수집한 물건들을 마치 박물관
의 작품처럼 진열하고 아래에 훔친 장소가 어디인지까지 밝혀놓았
던 것이다. 이 전시는 식민지 국가 혹은 타국에서 약탈한 문화
재들을 공공연하게 전시하고 있는 세계 유

명 미술관, 박물관의 행태를 꼬집고
있다. 그런데 이런 작가의 의도는
뒤로하고 정작 내가 부러웠던 것은
몰래 훔쳐온 물건을 당당하게 펼쳐
두고 전시하는 대담함이었다.

　　나도 재미있는 방식으로 따라해보고 싶었
으나, 내 간의 크기는 이미 자그마하게 정해져 있는 바, 지인들의 물
건과 내가 준비한 물건을 바꿔치기하는 놀이는 어떨까 하는 생각이
들었다. 그리고 기왕 이런 놀이를 하겠다고 결심한 김에 내가 좋아
하는 사람의 물건과 바꿔치기하면 더 의미가 있을 것 같았다.

학창 시절에 시험 때가 다가올 무렵 내가 좋아하는 친구와 연필을
교환해서 쓰면 어쩐지 든든한 마음이 생겼던 것 같은데 그때의 심정
과 비슷하다고 생각하면 될 것이다. 짝사랑하는 누군가의 물건을 가
지고 있으면 맘이 전해진다는 얘기는 들어본 적이 있었던 것 같은
데, 꼭 그런 것이 아니어도 괜찮다. 바꿔치기한 물건을 보면서
좋아하는 사람을 떠올리기만 해도 좋지 않

을까 싶다. 혹은 괜스레 장난 걸고 싶
은 누군가에게 슬그머니 마음을 전
하는 것이라고만 생각해도 좋다.
맞다. 장난 걸고 싶은 상대에게 나
혼자 은밀히 걸어보는 장난. 그게 제
일 좋을 것 같다. 그러고 보니 어릴 때
는 수시로 장난을 치곤 했는데, 지금은 어
쩌다 장난을 걸기 위해 이렇게 큰 결심까지 해야 하는 무거운 사람
이 되어버린 건지…….

장난 없는 삶이라니 너무 무겁다. 살 붙는 것에 민감한 것처럼 가끔

은 이렇게 장난을 쳐서라도 무거워진 어깨를 가볍게 만들어야 할지도 모르겠다. 바꿔치기 놀이를 비밀리에 성사시키려면 우선 치밀한 사전 계획이 필요하다.

대상 선정부터 바꿔치고 싶은 물건 선정까지 모두 치밀한 계획을 동반해야 가능하다. 그리고 이 모든 계획이 성공하면 집에 작은 공간을 마련하여 마치 작은 박물관처럼 전시를 해보는 것이다. 전시 기획부터 관람까지 오로지 나 혼자 진행하는 '독립 전시'가 될 것이다.

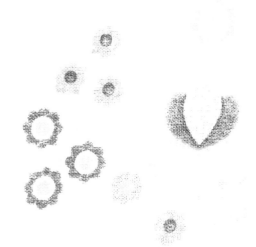

배색치기 둘이
배색치기 둘이

1. 이 모든 계획의 가장 중요한 원동력이 될, 바꿔치기 놀이의 대상자를 심사숙고해서 선정한다.

2. 상대가 정해지면, 상대의 공간에 사전 방문해서 바꿔치기할 물품을 탐색한다(평소 내가 즐겨 쓰는 물건이나 좋아하는 물건 중에서 정하는 것이 좋지만 그것이 어려울 경우에는 바꿔치기해도 상대가 눈치채지 못할 만큼 사용하지 않거나 하찮은 물건으로 정해도 성공 확률이 높아진다).

3. 사전 조사에서 선정한 물품의 사진을 찍어, 상태를 꼼꼼하게 체크해서 바꿔치기할 물품의 상태도 그 기준에 맞춘다.

4. 바꿔치기한 물품들이 하나둘 쌓이면 방의 구석에 작은 공간을 마련해서 그것들을 배치해 혼자만의 작은 전시회를 연다.

5. 이 모든 계획은 혼자만의 즐거움이므로 들키지 않는 것이 핵심이다. 만약 발각되더라도 끝까지 아니라고 우기는 것을 미리 연습하도록 한다.

#37 감정 상태 이름표 달기

병문안차 방문했던 병원 입원실에서 눈길을 끄는 것이 있었다.

바로 '절대안정', '금식', '낙상 주의', '수술 전' 등 환자의 상태를 나타내는 표식들이었다. 병원이라는 곳의 특성상 생긴 이 표식들은 환자의 상태를 단 하나의 단어로 다 설명하고 있었다. 병원에서 오랫동안 지내본 사람은 알 것이다. 찾아오는 사람에게 일일이 지금의 내 상태를 반복해서 설명해야 하는 상황이 주는 피곤함을……. 그러니 이 표식들은 어떻게 보면 참 기능적이고 실용적인 것이라 할만하다.

'나의 상태를 대표하는 단어를 담은 표식.'

그런데 가만히 생각해보면 이것이 어떻게 병원에서만 필요한 것이겠는가? 곰곰이 궁리하던 나는 나의 상태 그대로를 표식으로 만들어 표현해보자는 생각을 하기에 이르렀다.

기왕이면 학교 때 교복에 붙였던 이름표처럼 공식적인 느낌도 줄 겸

실자수로 만들어서 눈에 띄게 붙여보기로 했다.

나의 상황을 하나의 단어로 이름 붙이는 작업을 통해 나 자신도 스스로의 상태를 점검할 수 있고, 또 그것을 눈에 띄게 부착함으로써 주위 사람들에게 상태를 알리는 역할도 할 수 있는, 일석이조의 효과를 거둘 수 있을 것 같았다.

이 작업의 핵심은 단어의 선택이다. 그러니 주변 사람들에게 알리고 싶은 나의 메시지가 무엇인지를 충분히 생각하는 시간을 갖는 것이 중요하다. 만약 주변에 알리는 것이 부담스럽거나 그냥 나 스스로에게 말하고 싶은 단어가 있다면 제작해서 혼자만의 공간에서 사용해도 좋다. 나의 상태를 몸에 부착해서 알릴 수 있는 경지에 이르기에는 시간이 걸릴 수 있으니, 이런 방식으로라도 연습을 해보자.

이 작업의 핵심은 단어의 선택이다.

1. 평소 나 자신에게 말하고 싶은 나의 상태 혹은 주위 사람들에게 말하고 싶었던 나의 상태를 짧은 단어로 표현해본다(예를 들어 절대안정, 금일 휴업, 도민준, 묵언 수행, 충전 중 등).

2. 하나의 단어를 선정하는 것이 어렵다면 평소 내가 자주 하는 생각이나 단어를 떠올려보고 그중에서 선택해도 좋다.

3. 기원을 담거나, 다짐하고 싶은 것이 있으면 그것을 선정해서 달아보아도 좋다.

4. 선정한 단어들을 가지고 실자수 이름표를 새겨주는 가게에 간다(특이한 이름을 가진 것처럼 능청을 떨면서 부탁해도 좋다).

5. 필요한 순간이 오면 상황에 맞는 이름표를 부착한다.

#38 관찰 놀이

가끔 나의 관찰, 수집, 만들기 등 일련의 놀이를 특별하게 생각하는 이들로부터 이런 질문을 받곤 한다.

"그건 공이니까 하는 거지, 누구나 할 수 있는 게 아니잖아요!"

물론 누구나 똑같이 자신에게 주어진 모든 순간을 관찰하고, 기록하고, 또 뭔가를 만들어내면서 살아갈 수 있다고 생각한 것은 아니다. 하지만 세상 누구에게나 반짝이는 순간이 있게 마련이다. 만약 그런 순간에 맞닥뜨렸을 때 여력이 없다는 이유로 그냥 지나치지 말자는 게 나의 메시지이다. 하루에 한 번, 이틀에 한 번, 혹은 일주일에 한 번일지라도 반짝 하고 다가오는 순간을 놓치지 말고 느낄 수 있을 만큼 느꼈으면 좋겠다. 그런 마음이라면 반짝이는 순간과 만나는 빈도수가 점점 늘어날 것이고, 그런 순간들이 쌓이면 하루하루가 더 풍성해질지도 모르겠다.

그래서일까? 다른 이의 하루가 궁금해졌다. 타인의 공간에 살짝 들어가 고양이처럼 느긋하게 앉아서 그의 하루를 지켜보는 것이다. 내

가 내 모습을 몰래 관찰할 수는 없는 노릇
아닌가? 타인의 공간에서 타인이 되어보
는 경험. 생각만 해도 재미있어진다. 분명
한 번쯤이라도 미소 짓게 될 만한 일이 일
어날 것 같다. 그래서 어느 날, 규칙적으
로 출퇴근하는 지인의 사무실로 따라나섰
다. 그리고 가만히 뒤에 앉아서 그의 하루
를 관찰해봤다.

처음에는 영화를 보듯 관찰 대상과 일정
한 거리를 유지하다가, 일정 정도의 시간
이 흐르니 관찰 대상의 입장이 되기도 했
는데 다시 적당한 시간이 흐른 이후에는
그곳에서 가장 어울리지 않는 이방인이
되기도 했다. 한 걸음 뒤로 물러나 관찰을
하다 보니 그 공간에 더해지면 좋을 것 같
은 물건들이 하나둘 머릿속에 떠올랐다.

누군가의 하루를 관찰하는 동안 나는 예상보다 훨씬 더 많은 것들을 생각하게 되었다.

'타인을 관찰하듯 어떤 감정의 개입도 없이 나의 하루를 있는 그대로 바라본 적이 있었나?'

'나의 하루를 이루고 있는 순간순간을 내 판단은 접어두고 철저하게 타인의 시각으로 관찰한다면 어떤 것들을 보게 될까?'

운 좋게도 대상자의 바로 뒷자리에 공석이 있어 나는 그곳에 앉아 하루 종일 진득하니 관찰에 집중할 수 있었다. 그 결과 다음과 같은 사안들을 기록할 수 있었다.

1

가장 놀랐던 사실은 한 시간 동안 약 일곱 번 이상 통화를 한다는 점이었다. 그래서 나는 그 사람이 통화를 하면서 받은 스트레스를 풀 수 있는 방법이 없을까를 궁리해보았다. 그 결과 생각난 것은 바로 '실 전화'다. 하루 중 가장 나른한 오후 시간에 친한 동료와 실 전화를 해보면 삶에 대한 의욕이 샘솟지 않을까? 또는 전화 통화를 하면서 마음껏 무의식의 패턴을 그릴 수 있는 노트를 준비해서 날마다 기록해보면 어떨까 하는 생각도 해보았다. 그 기록을 보다 보면 자각하지 못했던 나의 속마음이 보일지도 모른다. 우선은 종이를 전화기 옆에 두었다.

무의식의 패턴

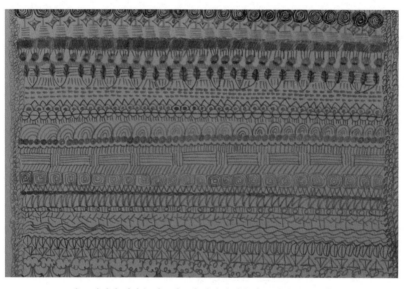

내 무의식의 패턴을 기록해보면 나의 속마음이 보일지도 모른다.

2

모든 직장인들이 기다리는 목소리는 퇴근, 칼퇴근일 터다. 결재 서류 옆, 눈에 잘 보이는 곳에 지우개로 도장 하나를 파서 만들어두었다. 당장 퇴근!

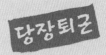

before
after

3

사무실의 공간을 나눈 파티션 한쪽에는 개개인마다 이름표가 놓여 있었다. 이름표 푯말 아래에 그날의 감정 상태를 나타내는 작은 인형들을 숨겨놓고 싶은 생각이 들었다. 꼭 기분을 나타내는 것이 아니어도 분위기를 환기시킬 만한 뭔가를 숨겨놓으면 좋을 것 같았다. 여럿이 같이 사용하는 사무실이지만 어느 특정한 곳에 나만 아는 비밀 공간이 하나 있다면 가끔 한 번씩 그곳에 가서 숨을 돌릴 수 있지 않을까 하는 생각도 들었다. 낯선 공간에서 한 걸음 뒤에 앉아 관찰을 해서 그런지 그곳에 첨가하면 좋을 것 같은 것들이 쉽게 떠올랐다. 가끔씩 내가 늘 앉는 자리가 아닌 한 발자국 떨어진 자리에 앉아서 내 공간을 바라본다면 그동안보지 못했던 것들이 눈에 띌지도 모르겠다.

감정 상태 판

4

책상 아래를 보니 각종 전기선들이 엉켜 있는 구석진 곳에 신발이 놓여 있었다. 그걸 보니 마치 휴대폰처럼 신발도 충전이 필요하지 않을까 하는 생각이 들었다. 부엉이를 좋아하는 친구를 위해 분홍 천에 부엉이가 충전해주는 이미지를 그려서 보내주었다. 그런데 친구는 이거 위에 신발을 놓기는 아깝다며 책상 위 키보드 앞에 본인의 에너지 충전용으로 사용하고 있다.

충전

before

after

#39 조금씩 변하는
내 모습 관찰하기

무심코 전에 쓰던 스케치북을 넘겨보다가 같은 그림이 여러 번 반복해서 나오는 것을 보게 되었다. 분명 같은 대상을 그린 그림인데 장을 넘길 때마다 미묘하게 다른 느낌이 나서 같은 그림으로 보이지 않았다. 같은 대상을 같은 방식으로 그렸음에도, 몇 시간의 차이에 따라 다 달라 보이는 것이 신기하게 느껴졌다. 그래서 나는 기왕 이렇게 된 김에 여러 번 반복되는 그 그림을 다시 한 번 그려보았다. 그런데 아니나 다를까. 역시 또 다른 그림이 완성되었다.

그렇게 생각해보니, '몇 분 전의 나와 지금의 나, 그리고 또 몇 분 뒤의 나는 과연 같은 걸까?'라는 의문을 품게 되었다. 살아 있는 한 매 순간 나도 조금씩 변화하고 있다. 어쩌면 시간차를 일정하게 두고 반복해서 같은 대상을 그려보면 그 속에서 내가 미처 눈으로 볼 수 없었던 내면의 변화를 발견할 수 있지 않을까.

그래서 같은 그림을 정기적으로 시간을 정해두고 그려보기로 했다. 비록 일부분이더라도 그 속에서 매일 조금씩 변하는 내 모습을 발견한다면 나에게는 좋은 기회가 될 수 있을 것 같았다.

비교를 위해서 기왕이면 원본 사진이나 대상이 있는 그림을 선택해
서 실험하기로 했다. 하나의 대상을 시간을 두고 기록하고 여러 번
그려보는 거다.

살아 있는 한

매순간

나도

조금씩

변화하고

있다

1. 전에 사용한 노트나 스케치북에서 마음에 드는 그림을 찾아본다.

2. 같은 그림을 찾은 시점의 날짜를 적고 다시 한 번 그려본다(매번 그림을 그릴 때는 비교를 위해서 꼭 날짜를 적는다).

3. 전에 그린 그림이 없을 때는 현재 마음에 드는 사진이나 그림을 하나 정해서 지금의 날짜를 적고 그려본다.

4. 일주일에서 한 달 또는 그 이상 몇 년의 시간을 정해두고 같은 그림을 정기적으로 그려본다(그려진 그림을 보고 그리는 것이 아니라, 원본 사진이나 그림을 보고 그린다).

5. 시간차를 두고 그림을 그리면서 변화하는 모습들을 관찰한다.

#40 하루 한 번 '멍때리기'

카페 창가에 앉아 있었다. 컴퓨터 화면을 바라보다가 잠깐 딴생각을 하느라 눈을 풀었더니, 화면 위 창 너머에서 흔들리는 나뭇가지가 시야를 가득 메웠다. 같은 컴퓨터 화면임에도 화면에 반사되어 나타난 창 너머 나무의 존재를 알아챈 후에는 글씨와 창 너머 나무가 함께 보인다. 잠깐 눈에 힘을 빼고 눈을 풀면 컴퓨터 화면에는 무성한 나뭇가지로 가득 차게 된다. 눈만 살짝 풀었을 뿐인데 보이는 게 달라지는 현상이 신기했다. 그와 동시에 내가 평소 너무 눈에 힘을 준 채로 살고 있는 건 아닌가 싶었다. 그래서 어깨와 목은 늘 뭉쳐 있고, 마음도 잔뜩 힘이 들어가 단단하게 응어리져 있는 건지도 모르겠다.

지금 이 글을 쓰고 있는 순간에도 한 번 의식적으로 어깨의 힘을 빼고 '멍때리는' 시간을 가져보았다. 힘을 빼니 어깨가 저절로 내려간다. 당연한 것이지만, 힘을 빼어보니 알겠다. 여태 힘을 잔뜩 주고 있었다는 것을……

늘 힘을 빼고 지낼 수는 없겠지만, 반대로 늘 힘을 준 채로 지낼 수도 없는 것이 아닐까……. 그렇다면 의식적으로라도 어깨에 힘을 빼는 연습을 시작해야 할 것 같다. 그러기 위해 우선은 눈에 힘을 빼는 연습부터 시작하기로 했다.

컴퓨터 화면을 응시하다가 서서히 눈을 풀어 화면 위쪽으로 초점을 맞추어본다. 화면 보호기가 켜질 때까지 '멍때리고' 있으면 된다. 화면 보호기가 켜지면 바로 '힘 조절기'가 되는 셈이다. 눈에 힘을 빼고 나서 보면 등 뒤의 풍경이 화면에 들어 있다. 이렇게 힘 빼는 연습을 하는 것이다. 그렇게 해서 눈에 보이는 풍경을 사진으로 기록해보았다. 그리고 일상생활 중 잠깐 멍하게 기다려야 하는 상황이 생기면 일단 멍해지는 연습, 몸에 힘을 빼는 연습을 해보기로 했다. 하루에 한 번씩 '멍때리는' 시간을 정해서 알람을 설정해둬도 좋다. 이 시간이 되면 같은 행동을 반복해본다.

힘을 빼어보니 알겠다.

여태 힘을 잔뜩 주고 있었다는 것을…….

1. 컴퓨터에 화면 보호기가 작동되도록 설정한다(작동 시간은 자신의 리듬을 고려해서 정하도록 한다). 그러면 이제 화면 보호기가 아니라 힘 조절기가 되는 것이다. 힘 조절기가 화면에 나타나면 눈과 어깨에 힘을 빼고 '멍때리는' 시간을 만든다.

2. 하루에 한 번, '멍때리는' 시간을 언제로 할지 결정하고 휴대폰에 알람을 설정한다(하루 한 번 멍하게 지낼 수 있는 일 분의 시간이라도 만드는 것이 목적이다). 알람이 울리면 단 일 분이라도 눈과 어깨에 힘을 빼고 아무런 생각도 하지 않은 채로 보낸다.

3. '멍때리는' 시간이 되면, 앉아 있는 장소에서 고개를 들었을 때 보이는 천장의 풍경을 사진을 찍어서 날마다 기록해본다(꼭 이것이 아니더라도 자신만의 독특한 방식을 찾아서 그 상황을 기록으로 남긴다).

4. 자신만의 독창적인 동작이 있으면 더 재미있어진다(손의 위치나 머리의 위치 등을 자신에게 맞게 정해두고 하루 한 번씩 힘을 빼보자).

#41 '오천 원 다 있소' 쇼핑하기

만물상 같은 가게들이 주변에 하나둘 보이기 시작할 무렵, 호기심을 이기지 못하고 무작정 가게 안으로 들어갔던 기억이 난다. 그릇, 장난감, 문구류, 액자, 주방용품, 청소용품 등등 종류를 불문하고 가게 대부분 물건의 가격이 천 원이나 이천 원으로 정해져 있다는 사실에 어찌나 흥분이 되던지……. 질이야 장담할 수 없지만, 마음먹고 여러 종류의 매장을 가지 않으면 볼 수 없었던 물건들이 한곳에 모여 있기도 하고, 재미있는 아이디어 상품들이 많아서 문방구를 돌아볼 때처럼 흥미로웠다. 게다가 싸다는 점도 마음을 가볍게 해줬던 것 같다. 이곳을 몇 번 다니게 되면서 신기한 주방용품들과 아이들의 장난감에 주의를 집중하게 되었다.

사용 설명서를 읽어보고 한참을 이리저리 보고 만지고 나서야 사용법을 알 수 있는 주방용품, 생활용품 그리고 태엽으로 움직이는 장난감을 구경하는 일은 참 즐겁다. 시내를 돌아다니다 다른 동네에서 그 간판을 보면 바로 들어가 그 동네의 분위기를 보기도 한다. 그렇게 다니면서 신기하거나 재미있는 물건을 보면 하나둘 모아두고 친구들을 만날 때 선물로 주기도 한다. 또 신기한 물건을 발견했을 때 사진을 찍어 친구들에게 보내곤 하는데, 대부분의 친구들이 그렇다면 자신도 동네에 있는 매장에 들러봐야겠다고 하는 것이 아닌가? 그래서 내가 생각해낸 것이 바로 '오천 원 다 있소' 쇼핑이다. 이게 뭔고 하니 친구들 몇 명과 각자 자신의 동네에 있는 매장에 들러 자신의 취향에 맞게 오천 원 한정으로 쇼핑을 하는 것이다. 그리고 쇼핑한 물건을 찍어서 함께 보면서 서로의 취향에 대해 이야기를 나누는 것이다. 따로 해도 좋고 같이 모여서 한 매장에서 쇼핑을 해도 괜찮다.

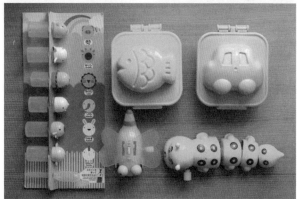

1. 자신의 행동반경에 있는 매장 중 가장 큰 매장으로 쇼핑할 곳을 정한다.

2. 금액이 오천 원으로 한정되어 있는 것이 약속임으로 그 선을 넘지 않도록 주의한다.

3. 집에 가져와 자신의 감각대로 배치한 후 사진을 찍어서 기록하고 일정한 시간을 정해서 친구들과 서로 보내어 확인한다.

4. 쇼핑 목록을 보고 친구와 서로 교환을 하는 제2의 다 있소 장터를 열어도 좋다.

5. 평소 구경만 하는 사람에게 일러둘 것이 있는데, 어떤 물건의 경우에는 일정한 시간이 흐르면 다시 사기 힘든 것도 있다는 것을 유념해야 한다.

#42 나만의 진품명품 쇼 열기

미국에서 지내는 친구네 집으로 여행을 다녀온 친구는 여행 중 가장 인상 깊었던 것이 주말이면 동네에서 열렸던 작은 마켓이었다고 한다. 동네 사람들은 각자 자신의 집 지하실에서 오래된 물건들 중 팔만한 것을 골라 가격을 매겨 전시한다고 한다. 몇 십 년 전 자신이 모았던 신문들이나 음반들을 비롯해 자신이 사용하던 소품들을 있는 그대로 꺼내놓고 파는 것이라는데 심지어는 사용했던 화장실 변기 커버 같은 것들도 그대로 내놓고 판다고 한다. 친구는 그런 물품이 나와 있는 것도 충격적이었지만, 그것을 대하는 사람들의 무심한 눈길들이 더 놀라웠다고 했다.

'사람들은 도대체 어떤 마음으로 자신의 흔적이 묻어 있는 오래된 물건을 들고 거리로 나가는 걸까?'

친구의 이야기를 들은 나는 이런 생각을 하면서 내 방을 둘러보았다. 그리고 나의 물건들 중 어떤 것을 마켓에 내놓을 수 있을까 고민해보았다. 문득 주말 아침 TV에서 하는 〈진품명품〉이라는 프로그램이 떠올랐다. 보물이라 여겼던 물건들을 가져와 감정을 받는 프로그

램. 가벼운 마음으로 보자기에 싸서 들고 왔던 사람이 높은 가격으로 책정되자 떨면서 안고 가는 모습이나, 집안의 가보라 여겼던 물품이 터무니없는 가격으로 책정되자 어두운 표정으로 돌아서는 모습들이 물품들보다 더 흥미로운 프로그램.

그래서 나는 이 프로그램을 따라해보기로 했다. 내가 갖고 있는 오래된 물건들 중 다시 꺼내보고 싶은 물건을 내놓고 감정을 받아보는 것이다. 〈진품명품〉과 다른 점은 판정단이 따로 있는 것이 아니라 나 자신이 판정원이 되어보는 것이다. 그러니 내가 소중하게 여기는 정

도에 따라 값을 책정하면 되는 것이다. 이 놀이를 하면서 또 다른 것
들도 궁금해졌다.

'이 중 어떤 물건들을 다른 사람들 앞에 공개할 수 있을까?'

'또 어떤 물건들을 다른 사람들한테 나눠줘도 괜찮은 것으로 뽑을까?'

그래서 나는 나의 깊고 깊은 서랍을 열어 물건들을 늘어놓고 '공혜
진표 진품명품 쇼'를 열어보기로 했다.

❶ 고등학교 때 쓰던 필통.
❷ 초등학교 때 좋아했던 자(토끼와 거북이 경주).
❸ 학창 시절 사용했던 워크맨, CDP, MD.
❹ 만든 필통, 초등학교 때 좋아했던 퍼즐과 첫 삐삐.
❺ 선배가 준 나침반.
❻ 여행 다녀온 친구가 모아준 것들.
❼ 고등학교 때 친구가 만들어준 책갈피.

'이 중 어떤 물건들을
다른 사람들 앞에 공개할 수 있을까?'

1. 나의 오래된 물건들 중 있는 그대로 꺼내어 가격을 붙여 사람들 앞에 내놓을 수 있는 것들을 선별한다. 다른 사람들은 신경 쓰지 말고 오롯이 나의 사연 속에서 중요한 물건들을 선정하면 된다. 될 수 있으면 다른 사람들은 거들떠보지도 않을 만한 것들에서 선정한다.

2. 선별된 물건들을 놓고 바라보며 나의 선별 기준이나 나의 성향들을 스스로 관찰한다(될 수 있으면 오래된 것을 꺼내어 시시콜콜한 사연들을 떠올려보거나, 시간을 들여 따로 적어본다).

3. 블로그 포스팅을 통해서 혹은 지인들을 통해서 물건들의 정보를 교환한다. 그들의 물건과 맞교환하거나 사람들을 모아서 작은 마켓을 열어본다.

목요일

#43 나의 묘비 그림 그리기

루마니아 서북부에 있는 서푼차(sapanta) 마을에는 죽은 이들이 자신의 이야기를 덤덤하게 풀어놓아 만들어진 '즐거운 묘지'라는 곳이 있다. 그곳 사람들은 죽음을 끝이 아니라 신을 만나는 기회이며, 더 나은 삶으로 가는 길이고 영원한 휴식이라 여긴다고 한다. 그래서인지 그들이 꾸며놓은 묘지는 우리가 일반적으로 생각하는 느낌과는 다르게 화사하고 즐겁다. 물론 그러한 사상적 배경에는 루마니아 사람들이 믿는 정교회와 관련이 있다고 한다. 즐거운 묘지에는 이름이 주는 느낌처럼 화려한 색의 그림과 고인의 삶을 담은 글로 장식된 묘비들이 자리하고 있고, 그 가치를 인정받아 유네스코 문화유산에도 등재되었다.

나무를 사용하여 수공으로 제작한 묘비에는 고인이 살아생전 어떻게 살았는지 자기소개하듯 일인칭 시점으로 쓴 글과 함께 그림이 새겨져 있다. 일반적으로는 고인이 살아생전 하던 일이나 평소의 모습을 표현한 것이라고 하는데, 어떤 사건이나 사고로 죽은 사람의 경우에는 그 상황이 그대로 들어 있기도 하다. 이렇게 죽음을 미화하거나 왜곡하지 않고 사실대로 표현해놓은 걸 보면 죽음을 인생의 한 과정으로 받아들이는 그들의 인생관을 알 수 있다.

묘비를 제작하는 사람에 따르면 고인의 삶에 대해 조사하거나 주변 사람들을 수소문하여 이야기를 들어보고, 좋은 사람이면 좋은 느낌 대로 나쁜 사람이면 나쁜 느낌 그대로 표현한다고 한다. 현재는 처음 즐거운 묘지를 조성한 사람의 제자가 그 뒤를 이어 삼십 년 넘는 시간 동안 묘비를 만들고 있는데, 내 눈길을 끈 것은 그림의 화려한 색깔이었다.

땅그지공

묘비 주인의 삶을 담거나 죽을 때의 모습을 담은 한 장의 그림이라
니……

내 묘비에 새기고 싶은 구절을 생각해본 적은 있는데, 묘비에 들어
가는 그림을 생각해본 적은 없었던 것 같다. 나를 표현해줄 한 장의
그림이라니…….

조금 더 살아보면 또 어떻게 바뀔지는 모르겠지만, 지금의 느낌을
담아 나를 표현하는 그림을 생각해보았다. 시간이 흐르면 또 어떻게
바뀔지 알 수 없기 때문에 주기를 정해두고 그때그때 그림들을 정리
해서 표현해두면 좋을 것 같다.

나를 표현해줄 한 장의 그림이라니…….

1. 루마니아 즐거운 묘지를 떠올리며 앞으로 나의 묘비에 새기고 싶은 그림이나 글을 생각해본다(우선 그림으로 생각해본다. 그림을 떠올리기 어려울 때는 어떤 형상을 담으면 좋을지 글로 적는다).

2. 즐거운 묘지의 정신을 떠올리며 내가 생각한 그림을 감정의 가감 없이 있는 그대로 그려본다.

3. 바로 일 분 뒤의 상황을 알 수 없는 것이 삶이니만큼 그림을 그린 후 나를 나타낼 다른 그림이 떠오르는 상황들이 생기면 다시 그려도 좋다(일정한 기간을 정해두고, 그때그때의 상황을 담은 그림을 그려보는 것도 좋다).

#44 삐뚤 음표 그리기

처음 기타를 배워볼까 생각했을 때, 마침 프린터기가 고장 나 있었다. 뭔가를 처음 배우는 사람이 으레 그렇듯 의욕이 가득했던 그때, 나는 바로 인터넷으로 악보를 검색해보고 흰 종이를 찾았다.

그날 한 음, 한 음 그대로 따라 그려본 악보. 얼마 만에 그려보는 오선과 음표인지…….삐뚤거리는 오선을 그리고 그 속에 음표의 검은 점을 채우고 있는데, 주책맞게도 나 자신이 근사하다는 느낌이 들었다.

음을 그림으로 표현할 수 있다는 것은 다시 말해 소리를 종이에 담을 수 있다는 말이 아니겠는가. 생각해보니 그 의미가 새삼스레 근사하게 느껴졌다. 오랜만에 손으로 악보를 그려서 그런지, 나는 마치 인류 최초로 악보를 발견한 사람이 된 것처럼 흥분을 감출 수 없었다.

아마도 그냥 프린터로 뽑은 악보만 보면서 연주한 사람이거나, 매일 악보를 그리는 사람이었다면 이런 느낌을 갖지는 못했을 것이다. 삐뚤거리는 오선을 그리고 그 위에 한 음, 한 음을 힘을 주어 채워 넣은

과정이 없었다면, 이것은 그냥 아주 평범한 보통의
악보였을 뿐이었을 텐데……. 게다가 그 타이밍에
라디오에서는 익숙한 멜로디가 흘러나왔다.

'일곱 송이 수선화'

며칠 전 봄비가 내린 날, 아파트를 찾아온 꽃나무 장수로부터 수선
화 화분 두 그루를 사왔는데, 창가에 놓은 수선화 화분을 보며 그 노
래를 듣게 되다니, 이런 타이밍은 그야말로 '신의 계시'가 아닐까?
바로 그날 '일곱 송이 수선화'는 흰 종이 위의 음표로 기록되었다. 아
침 봄볕에 활짝 핀 수선화를 보면서 혼자만 보기 아깝다고 생각했는
데, 이제 주변 친구들에게 그 기분을 전할 수 있게 되었다. 음을 타듯
삐뚤거리는 악보를 친구들에게 봄소식으로 보내야겠다.

혹시 아는가? 나의 '삐뚤 악보'를 받은 친구가 새로 악기를 배우게
될지, 아니면 길을 가다 수선화 화분을 돌아보게 될지…….

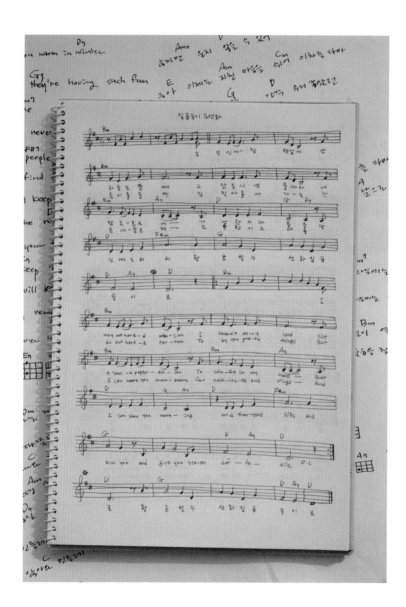

1. 종이는 아무런 무늬가 없는 흰색 A4 용지를 선택하고, 펜은 될 수 있으면 만년필을 사용한다(너무 얇지 않은 펜이면 악보가 더 예뻐 보인다).

2. 곡 선정은 봄소식을 담을 수 있는 것이어도 좋고, 평소에 좋아하지만, 악보를 찾아본 적이 없던 곡이어도 좋다(이번 기회를 통해서 내가 좋아하는 곡의 음들을 옮겨 적어보는 것도 좋으니까).

3. 직접 전하는 것보다는 기왕이면 우체국에서 우표를 붙여 보내는 것이 더 근사하다.

#45 손글씨 모으기

친구 작업실 벽에서 작은 종이에 손글씨로 적어놓은 시 한 구절을 봤다. 무심코 누가 쓴 거냐고 물었더니 친구 글씨체도 몰라보느냐는 답변이 돌아왔다. 아무렇지 않은 듯 넘겼으나, 내심 크게 놀랐다.

'친구의 글씨체도 몰라보다니……'

생각해보니, 지금은 문자나 메일이 있기 때문에 주변 친구들의 필체가 어떤지 잘 모르고 사는 경우가 많은 것 같았다. 나만 해도 지인들의 필체가 어떤지 선뜻 떠오르지가 않았다. 모르고 있다는 사실도 모를 만큼 이미 익숙해져버린 것이다. 메일이나 문자로도 마음을 전할 수는 있지만, 손에 잡히는 사람의 흔적이 없다는 것이, 가끔은 허무하다는 생각을 하곤 했다.

그리고 생각해보니 문자나 메일을 사용하게 된 후부터 친구들의 필체는 서서히 관심 밖의 것이 되었다. 필체를 모르고 있다는 사실도 모를 만큼 이미 익숙해져버린 것이다. 메일이나 문자로도 마음을 전할 수는 있지만, 편지나 쪽지처럼 손에 잡히는 사람의 흔적이 없다는 것이 어쩐지 모든 게 허깨비 같다는 생각이 들었다.

가까운 미래에는 친구의 글씨체를 컴퓨터 서체로 지정할 수 있는 날이 올지도 모르지만, 나는 지금 내 친구들의 글씨체만큼은 알아볼 수 있어야겠다는 생각을 했다. 그런 목적으로 자연스럽게 나는 학창 시절에 받았던 편지들을 꺼내보기에 이르렀다.

더 장난기가 많이 묻어나서 그런 것이지, 이제 더 이상 쪽지를 주고 받을 일이 없어져 그리워서 그런 것인지, 큰 편지지보다 작은 쪽지나 껌 종이에 적혀 있는 글씨가 더 정겹게 느껴졌다. 그러다 번뜩 이런 생각이 들었다.

'그 시절처럼 지금 친구들과 놀아보면 어떨까?'

기왕이면 아주 작은 종이에 친구들의 글씨를 담아 모아두고 꺼내보고 싶었다. 그래서 쉽게 구할 수 있는 껌 종이를 선택하게 되었다. 친구들을 만났을 때 자연스레 껌을 건네면서 껌 종이에 글씨를 써달라고 말해보리라……

그리고 어렸을 때 자주
써먹던 장난을 다시 해
보기로 했다. 빈 종이를
곱게 접어서 다시 껌 통
에 넣어서 모아두는 것
말이다! 도서관 책장에

책들을 꽂아 보관하듯 껌 종이에 친구들의 글씨를 모아 보관하는 것
이다. 책장에서 책을 찾아보는 것처럼 마음이 허할 때, 껌 포장지를
열고 친구들의 글씨를 한 번씩 꺼내보는 것이 목표이다.

'그 시절처럼 지금 친구들과 놀아보면 어떨까?'

1. 마음에 드는 껌을 몇 종류 구입한다.

2. 친구들을 만날 때 껌을 주고, 껌 종이에 글씨를 써달
   라고 말한다. 자신만의 글씨체로 그 순간의 느낌을
   적어달라고 하면 된다.

3. 기록이 완료된 껌 종이를 받으면 잘 접어서 다시 껌
   통에 담아둔다(마치 새 껌통처럼 보이도록).

4. 어느 정도 재미가 붙으면 친한 친구뿐 아니라 여러
   지인들의 글씨를 모아도 좋다.

#46 소자보 붙이기

기쁠 때나 슬플 때나 심심할 때나, 특별한 이유 없이도 보고 또 보는
영화들이 있는데 그중 하나가 〈아멜리에〉이다.

영화의 등장인물 중에는 무명의 소설가가 있다. 영화에서 주인공 아
멜리에는 주변 사람들의 소소한 기쁨들을 찾아주는데, 예를 들면 작
가가 다니는 길의 벽에 그가 쓴 책 속 한 구절을 적어놓는 일을 하는
식이다. 늘 의기소침해 있던 작가는 자신이 다니는 길의 벽에서 자
신의 글과 이름을 발견하고는 지금까지와는 다른 모습으로 걷는다.
길가 벽에 붙어 있는 자신의 글을 보고 있는 무명작가의 뒷모습은
극의 흐름과는 크게 상관없을지도 모르지만, 나에게는 두고두고 기
억에 남는 장면이었다. 처음 영화를 봤을 때, 그 작가에게 감정이입
이 되었는지, 나는 이 영화를 떠올릴 때마다 작가의 뒷모습이 떠올
랐다.

내가 다니는 길에 내 글이 적혀 있다면 어떤 느낌을 받을까? 그것을
바라보는 나는 어떤 기분이 들까?

나는 내 글인 것을 알고 있고, 다른 사람들은 내가 쓴 글이라는 것을 모른 채 보게 될 것이다. 이 모든 상황을 알면서 아무것도 모르는 사람처럼 타인에 섞여서 그것을 바라보는 느낌은 어떨까? 노트 속에서만 보던 글귀를 길에서 보게 될 때는 어떤 느낌이 들까? 이를테면 주관적인 내용이 객관적인 환경에 놓이면 그것을 객관적으로 바라볼 수 있을까? 이처럼 수도 없이 많은 생각이 꼬리에 꼬리를 물고 이어졌다. 어쩐지 이런 생각을 해보는 것만으로도 가슴이 두근거렸다.

대학 다닐 때 많이 봤던 대자보를 쓸 주변머리까지는 없고, 또 그렇게까지 크게 쓸 것은 아닌 고로 내가 감당할 수 있는 것부터 시도하기로 했다. 아무래도 나에게는 멀리서도 크게 보이는 대자보보다는 가까이 다가가야 볼 수 있는 소자보가 더 맞는 방식일 것 같았다. 그리고 그 첫 시도로 작은 포스트잇 메모를 붙여보기로 했다. 여기에 작성할 문구는 예전에 내가 쓰던 노트를 뒤져서 찾은 것인데, '내가 이런 말을 쓴 적이 있었나……' 하는 생각이 드는 낯선 문구들을 선택했다. 그러고 나니 어디에 어떤 방식으로 붙여야 할지를 탐색하고 고민하는 소일거리가 생겼다. 또한 길에서 내 글을 본 후로는 친구들의 글을 그들이 오가는 길목 어딘가에 붙이고 싶은 마음도 생겼다. 이 작은 소자보가 작게 내 마음을 흔들어놓은 것이다.

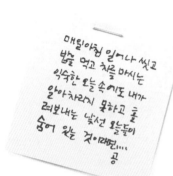

매일아침 일어나 씻고
밥을 먹고 차를 마시는
익숙한 오늘 속에도 내가
알아차리지 못하고 흘
려보내는 낯선 오늘들이
숨어 있는 것이래…
공

내가 다니는 길에 내 글이 적혀 있다면 어떤 느낌을 받을까?

1. 내가 쓰던 일기장이나 메모에서 마음에 드는 문구들을 선정한다(문구를 찾지 못할 경우 내가 그린 그림이나 찍은 사진들을 작은 사이즈로 뽑아 준비한다).

2. 내가 잘 다니는 길이나 좋아하는 길, 또는 친구의 직장이나 집 주변에 있는 길에 붙여본다(친구들이 나에게 보냈던 편지나 문자에 나왔던 문장을 메모해서 그들이 다니는 길에 붙여봐도 재미있을 것 같다).

3. 길가에 붙어 있는 메모나 그림을 사진으로 찍어서 보관한다.

#47 나만의 단어 만들기

아침을 먹던 식탁 위로 볕이 들어왔다. 고개를 돌려보니 창 너머로 반찬이 무언지 들여다보듯 해가 머리 위까지 바짝 다가와 있었다.

그리고 다시 식탁으로 눈길을 돌렸을 때, 식탁 위에 떨어져 있던 통깨 한 알이 눈에 들어왔다. 이어서 그 옆으로 김에서 떨어진 것으로 추정되는 소금 한 알도 보였다.

'깨 한 알과 소금 한 알. 이것이야말로 진정한 깨소금이 아닌가!'

이 절묘한 조합에 감탄사를 읊조리며 지켜보고 있었는데, 이번에는 그들 아래로 그림자가 눈에 들어왔다.

'깨소금 그림자!'

깨소금에도 그림자가 있었던 것이다. 그랬다. 처음 말해보는 단어가 반갑고 생경하여 몇 번 되새김질하듯 중얼거려보았다. 두 단어는 이미 익숙했지만 둘이 모이니 태어나서 한 번도 입 밖으로 꺼내본 적

'깨 한 알과 소금 한 알. 이것이야말로 진정한 깨소금이 아닌가!'

이 없는 단어가 탄생한 것이다. 그렇게 생각하니 늘 보던 것들이지만 단어가 없는 것들이 이것뿐일까 싶다. 늘 소소한 것들에 눈길을 주고 있다고 입버릇처럼 말했지만 어쩌면 아직도 내 주변에 작은 것들에조차 눈길을 주지 못하고 있는지도 모르겠다. 그래서 하루에 하나씩이라도 내가 머문 공간에서 발견한 사물에 단어를 붙여주기로 했다. 기왕이면 태어나서 한 번도 입 밖으로 발음해보지 못했던 단어가 좋을 것 같았다.

그러기 위해서는 우선 하루 중 내가 가장 많은 시간을 보내는 공간에서 눈에 힘을 주어 날카롭게 만든 다음 주변 사물을 심도 깊게 바라보는 것부터 시작한다. 평소 시야에 들어오던 것들을 배제하고 그 장소에 있었는지조차 몰랐던 것들을 찾는다고 생각하면 된다. 혹은 시야에 들어오는 사물들을 하나하나씩 세분화해서 좀 더 자세히 들여다보면 된다. 그렇게 해서 탄생한 단어 중 하나는 바로 이것이다. '엘리베이터 유리문 단풍나무'

늘 타던 전철 안 무심히 열리는 문을 보고 있다가 열린 문틈 사이로 엘리베이터 유리문이 보였는데, 그 장면을 자세히 바라보니 유리문 위에 반대편에 있던 단풍나무들이 비쳐서 보이는 것이 아닌가. 그때 눈에 보이는 유리문 위의 단풍나무는 여태껏 봤던 단풍나무와는 다른, 마치 처음 보는 나무처럼 느껴졌다. 늘 보던 전철 문, 늘 보던 전철 밖 풍경. 그리고 늘 그곳에 있었을 엘리베이터와 그 위를 비췄을 단풍나무.

그렇지만 느리고 날카로운 눈매로 정신을 모아 바라보는 전철 문, 전철 밖 풍경, 그리고 엘리베이터 위쪽을 비추는 단풍나무는 그 전과는 다른 느낌으로 다가온다.

마음을 더해서 사물에 눈길을 주면, '늘'이라는 단어를 떼어내고 깊게 바라보면, 뭔가 새로운 단어가 머리에 떠오를지도 모른다. 그러니 익숙한 공간에 낯선 눈길을 주는 연습을 해보자.

1. 하루 중 가장 오랜 시간 머무르는 곳이나, 익숙한 곳에서 시간을 들여 천천히 주변을 뚫어버릴 기세로 바라본다(눈에 힘을 주는 것이 어려우면 눈을 풀고 오래 바라봐도 좋다).

2. 그 장소에서 내가 한 번도 입 밖으로 내지 않았을 단어들을 붙일 만한 대상을 찾아보고 눈길을 보낸다. 그러면서 새로운 단어를 창조해낸다.

3. 새로 만든 단어를 나만의 장소에 나만의 방식으로 기록한다. 눈에 띄는 곳에 단어가 보이도록 기록해도 좋다(예를 들어 아침 샤워 후 김 서린 거울에 새로 만든 단어를 손가락으로 기록하고 그것을 사진으로 찍어 남긴다).

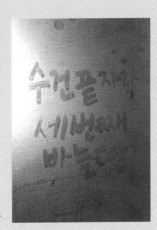

수건 끝자락 세 번째 바늘땀

#48 이국의 노래 외우기

평소 작업할 때면 습관처럼 라디오를 켜두곤 한다. 가끔 체크해서 챙겨 들을 때도 있지만, 대부분은 생활의 배경음악처럼 틀어두고 지내는 편이다.

어느 날은 청취자와 전화를 연결해 노래를 듣는 방송이 흘러나왔다. 그런데 그날의 출연자가 학창 시절 좋아했던 노래라며 나는 처음으로 들어보는 남미 노래를 거의 숨도 안 쉬고 한달음에 부르는 것이 아닌가. 그 목소리 안에서 누가 들어도 완전히 외워서 불렀다는 것을 알아차릴 정도의 익숙함이 느껴졌다. 뜻을 알 길 없는 언어의 노래를 랩처럼 부르는 그 사람의 목소리는 묘하게 매력적인 구석이 있어서 마음이 끌렸다. 재미있는 것은 왠지 그 사람이 한글로 하나하나 발음을 표기해서 외웠던 시간들까지 머릿속에 파노라마처럼 그려졌다는 것이다. 어릴 때 한 음, 한 음 한글로 영어 발음을 표기해서 팝송을 외웠던 기억 때문일까. 또 마치 내가 좋아했던 긴 시를 누군가가 막힘없이 읊는 것을 듣는 것 같기도 했다.

악보나 가사를 보고 부르는 노래 말고, 그냥 술술 나오도록 외워서 부르는 다른 언어의 노래에는 어떤 쾌감 같은 것이 하나 숨어 있는 듯하다. 그래서 나도 어릴 때 하던 방식대로 내가 모르는 언어의 노래를 한번 외워서 불러보고 싶어졌다.

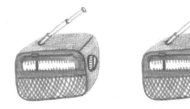

테이프가 늘어질 때까지 되돌려 감아 들으며 외우던 팝송처럼 기왕이면 내가 좋아하는 노래를 하나 선택해서 반복적으로 들으며 들리는 대로 한글로 발음을 표기해서 외워보고 싶은 것이다. 그래서 살짝 기침만 해도 입에서 술술 흘러나오도록 빠르게 불러봐야지⋯⋯.

Non, Rien De Rien, Non, Je Ne Regrette Rien
농 리에드리앙 농 쥐너러그레뜨리앙

Ni Le Bien Quion M'a Fait, Ni Le Mal
니 르 비앙 끄아 마페 니 르 말

Tout Ça M'est Bien Egal
뚝 싸 메 비에 에갈

Non, Rien De Rien, Non, Je Ne Regrette Rien
농 리에드리앙 농 쥐너러그레뜨리앙

C'est Paye, Babye, Oublie, Je Me Fous Du Passe
쎄 빠베이예 발레이예 우블리예 쥐머푸뒤 빠세

Avec Mes Souvenire J'ai Allume Le Feu
아벡 메 수불리흐 지(에)알 뤼메르프

Mes Shagrins, Mes Plaisirs, Je Nai Plus Besoin D'eux
메 샤그랑 메 쁠래지 쥐 내 쁠뤼 브주앙드

Balaye Les Amours Avec Leurs Tremolos
빨 래이예 레자무 아베끄뤄 트레믈롤흐

Balaye Pour Toujours Je Repars A Zero
빨 래이예 뿌 두흐 쥐(버)허 빠하 제흐

Non, Rien De Rien, Non, Je Ne Regrette Rien
농 리에드리앙 농 쥐너러그레뜨리앙

Ni Le Bien Quion M'a Fait, Ni Le Mal
니 르 비 앙 끄아 마 페 니 르말

Tout Ça M'est Bien Egal
뚝 싸 메 비에에갈

Non, Rien De Rien, Nou, Je Ne Regrette Rien
농 리에드리앙 농 쥐너러그레뜨리앙

Car Ma Vie, Car Me Joies
까흐 마 비 까흐메 쥐아

Aujourd'hui Ça Commence Avec Toi
우주흐뒤 싸 꺼메앙 아베끄뚜아

뜻을 알 길 없는 언어의 노래를
랩처럼 부르는 그 사람의 목소리는
묘하게 매력적인 구석이 있어서 마음이 끌렸다.

1. 내가 모르는 언어로 된 노래 중에서 평소 좋아하던 노래를 하나 선택해서 반복적으로 듣는다.

2. 어느 정도 들었다는 생각이 들 때 종이를 꺼내어 들리는 대로 한글로 한 자씩 적어간다.

3. 적은 종이를 늘 소지하고 틈만 나면 부르며 외운다.

4. 입에 붙을 정도로 외웠을 때 친구들을 만나면 슬쩍 흥얼거리듯 불러서 시험해본다.

#49 구멍 난 양말에 포인트 주기

친구가 남편에게 바느질을 시작해보겠다고 말하자 구멍 난 양말이나 잘 꿰매달라며 면박을 주더란 이야기를 들었다. 물론 장난으로 하는 이야기겠지만, 문득 바느질을 하지 않는 사람들은 양말 꿰매기도 별거 아니라고 생각하는구나 싶었다. 그래서 나는 별거 아닌 양말 꿰매기에 작정을 하고 집중해보면 어떨까 하는 생각이 들었다.

머릿속으로 구멍 난 양말을 자연스럽게 꿰매는 일을 상상해보니, 어쩐지 고난도의 작업 같다는 생각이 들기도 했다. 특히 만약 나일론 양말이라면 늘어나는데다 구멍까지 나 있으니 눈에 거슬리지 않게 바느질하기란 여간 쉽지 않을 것 같았다. 문득 꿰맨 양말을 본 적이 있던가 하고 떠올려봤더니 기억나지 않았다. 서랍을 열어보면 꿰맨 양말이 멀쩡한 양말보다 더 많았는데, 언제부터인가 나는 양말에 무심한 사람이 되어버린 것이다. 그래서 이번 기회에 구멍 난 양말에 정성을 담아 바느질을 해보리라 결심하게 되었다.

양말을 꿰매는 방법은 구멍 난 위치와 크기에 따라, 그리고 사람에 따라 다양한 방법이 있다. 그중에서 양말에 난 구멍을 작은 구멍과

큰 구멍으로 나눈다고 가정하고 두 가지 방법을 정리해보았다. 우선 발가락 쪽에 난 작은 크기의 구멍이라면 일반적인 방법인 꼬집듯이 구멍 난 부분을 잡아당겨 꿰매는 방법이 있다. 이때 그냥 당겨서 꿰매는 것에만 집중하면 너무 심심하거나 투박한 모양이 되어버리고 만다. 그러니 이왕이면 꿰맬 때 그것이 완성됐을 때의 무늬를 생각하며 바느질한다. 수를 놓는 것과 같은 방법이라 생각하면 된다.

또 다른 방법은 발바닥 쪽이나 뒤꿈치 쪽에 난 비교적 커다란 구멍을 꿰매는 방법이다. 발바닥은 걸을 때 꿰맨 부위가 닿으면 불편하기 때문에 다른 천을 덧대어 꿰매는 방법을 써야 한다. 발뒤꿈치 부분도 꺾이는 부분이라 움직임을 위해서 천을 덧대어 꿰매야 한다. 여기서 핵심은 덧대는 천의 모양과 재질을 신중하게 선택하는 것이다.

천의 색과 무늬는 원래 양말 모양과 어울리는 것으로 해야 함은 물론이요, 소재도 너무 얇지 않은 것을 택해야 한다. 평소 작아져서 혹은 낡아서 못 입는 옷을 사용하면 좋다. 양말을 수선하고 나면 새 양말을 하나 얻은 느낌이 들 것이다.

어렸을 때는 양말을 꿰매어 신으면 괜히 멋쩍었지만, 지금은 왠지 수제 구두처럼 손맛이 살아 있는 유일무이한 애장품 같다. 이렇게 리폼된 나만의 양말을 신은 날은 억지로라도 신발을 벗고 양말 자랑을 하게 된다. 그동안 신경도 쓰지 않았던 발끝에 눈길을 주니 그 끝에서도 꽃이 핀다.

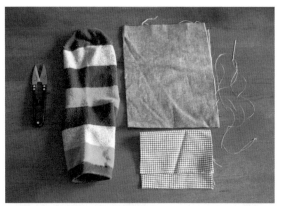

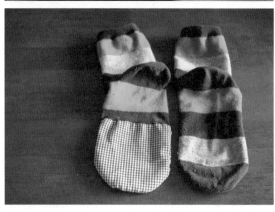

그동안
신경도 쓰지 않았던
발끝에 눈길을 주니
그 끝에서도
꽃이 핀다.

1. 양말의 특성상 늘어나는 재질이기 때문에 양말을 늘린 상태에서 덧대어 바느질을 하는 것이 좋다(그렇기 때문에 다른 양말에서 오린 천을 사용하면 안성맞춤이다).

2. 꼭 구멍 나지 않았더라도 정말 맘에 드는 양말이 있을 때는 맘에 드는 천을 이용해서 미리 덧대어보는 것도 좋다.

3. 양말에 수를 놓을 때는 하나의 주제를 정하고 시리즈로 이야기를 만들어도 좋다(예를 들어 꽃 시리즈, 이니셜 시리즈, 동물 시리즈 등등).

#50 선을 넘어가기

내가 평소 내리는 전철역에서 한 역만 더 가본다면? 내가 평소 내리는 버스 정거장에서 한 정거장만 더 가본다면? 내가 평소 걷는 골목에서 한 블록만 더 걸어가본다면?

그러면 어떻게 될까?

정거장 하나 더 가는 일, 한 블록의 골목길을 더 걷는 일. 생각해보면 별로 어려운 일도 아닌데, 한 번도 시도하지 않았다는 것을 새삼 깨달았다. 평소 내가 다니던 정거장은 길가에 난 작은 풀들의 위치까지도 속속들이 꿰고 있으면서, 다음 정거장은 어떨지 상상조차 하지 못했다니……. 확대해석하는 것인지도 모르지만, 내가 정해진 틀 안에서만 살아왔던 건 아닌지 모르겠다는 생각이 들었다. 그리고 한 번쯤은 내가 만들어놓은 선을 넘어가보는 것이 어떨까 싶었다. 꼭 커다란 결심을 하고 과감한 변신을 꾀하지 않더라도 한 역만, 한 정거장만, 한 블록만 더 가보는 것이라면 해볼 만하다는 생각이 들었던 것이다. 그리고 그곳에서 내가 새롭게 만나게 된 것, 느끼게 된 것들을 꾸밈없이 기록해보는 것.

아주 작은 움직임이겠지만, 이렇게 내가 만든 선을 넘어보는 연습을 시작해보았다. 늘 내리던 역에서 내리지 않고 전철 창으로 지나치는 역사를 바라보는 것만으로도 커다란 일탈의 짜릿함을 주었다. 내친 김에 종착역까지 가보았다. 처음 보는 풍경들……. 자석에 이끌리듯 낯선 동네를 이리로 저리로 걸었다.

그러던 중 사람들의 흐름이 많은 곳이 보여서 가보았더니 마침 장날이었다. 처음 가는 동네의 장날이어선지, 모든 것들이 새롭게 보여선지 가방 가득 신기한 물건들이 채워지기 시작했다. 게다가 장난감을 쌓아놓고 파는 곳에서 독수리 오형제를 발견하는 뜻밖의 횡재를 하고야 말았다. 집에 와서 가방을 풀어보니 집 마루에 장을 열어도 될 만큼 많은 물건이 쏟아졌고, 책상 선반은 독수리 오형제가 지키게 되었다. 역시 선은 넘어볼 만하다.

내친김에 종착역까지
가보았다.
처음 보는 풍경들······.

1. 집으로 돌아가는 퇴근길, 왠지 모르게 그냥 집에 들어가기 싫다면 그날을 '선을 넘는 행동일'로 정한다.

2. 촌스럽게 두리번거리지 말고, 원래 내리는 정거장인 것처럼 자연스럽게 다음 역, 다음 정거장에서 내린다.

3. 내린 곳에 의자가 있다면 그곳에 앉아 분위기를 익혀본다.

4. 어느 정도 공기를 익힌 후, 역시 익숙한 듯 아주 천천히 걸으며 주변을 눈으로 관찰한다.

5. 가까운 곳에 맘에 드는 찻집이나, 분식집, 편의점 등이 보이면 들어가본다.

6. 자신만의 방식으로 그곳의 분위기를 느껴보고, 그것을 사진이나 그림 혹은 글로 남긴다.

용요일

#51 아무것도 하지 않기

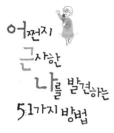

어쩐지 근사한 나를 발견하는 51가지 방법

1판 1쇄 인쇄 | 2015년 1월 10일
1판 1쇄 발행 | 2015년 1월 15일

지은이 | 공혜진
발행인 | 김태웅
총　괄 | 권혁주
기획편집 | 박지호
디자인 | 동양북스 디자인팀
마케팅 | 서재욱, 김홍태, 정유진,
　　　　김귀찬, 왕성석
온라인 마케팅 | 김철영
제　작 | 현대순
총　무 | 한경숙, 안서현, 강정희
관　리 | 김훈희, 이국희, 김승훈, 최국호

발행처 | 동양북스
등　록 | 제10-806호(1993년 4월 3일)
주　소 | 서울시 마포구 동교로 22길 12 (121-842)
전　화 | (02)337-1737
팩　스 | (02)334-6624

http://www.dongyangbooks.com

ISBN 979-11-5703-044-6 03190

이 도서의 국립중앙도서관 출판시도서목록(CIP)은 서지정보유통지원시스템 홈페이지(http://seoji.go.kr)와
국가자료공동목록시스템(http://www.nl.go.kr/kolisnet)에서 이용하실 수 있습니다.
(CIP제어번호:CIP2014036407)